rororo sport
Herausgegeben von Bernd Gottwald

Bernd-Ulrich Groß / Dirk Huber

TISCHTENNIS

Moderne Technik für Anfänger und Könner

Mit Fotos von Horst Lichte

Rowohlt

Für Berni Vossebein, der unser erster
Tischtennislehrer und -trainer war

Wir danken der Firma BUTTERFLY für
ihre freundliche Unterstützung. Außerdem
gilt unser Dank Nicole Struse, Chen Xinhua,
Andrzej Grubba und Miroslav Broda

Originalausgabe
Redaktion Katrin Helmstedt

Veröffentlicht im Rowohlt Taschenbuch Verlag GmbH,
Reinbek bei Hamburg, Januar 1995
Copyright © 1995 by Rowohlt Taschenbuch Verlag GmbH,
Reinbek bei Hamburg
Umschlaggestaltung Peter Wippermann / Jürgen Kaffer
(Foto: Horst Lichte)
Layout Stefan Kopanski
Satz Sabon und Futura PostScript Linotype Library,
QuarkXPress 3.3
Lithos bei Jung Satzcentrum, Lahnau
Belichtung, Druck und Bindung bei
Clausen & Bosse, Leck
Printed in Germany
1990-ISBN 3 499 19443 0

INHALT

Tischtennis – das Spiel verstehen 7
   Die Ballgrammatik 7
   Technik im Tischtennis 13
   Technikbewertung im Tischtennis 16
   Die Allround-Ausbildung 21
   Tischtennis-Grundstellung 24
   Shakehand-Schlägerhaltung 27
   Vorhand- und Rückhand-Spiel 32

Topspin 34
   Vorhand-Topspin auf Unterschnitt 36
   Rückhand-Topspin auf Unterschnitt 38
   Vorhand-Topspin auf Oberschnitt 40
   Rückhand-Topspin auf Oberschnitt 42
   Varianten 44
   Trainingsprogramm 54

Konter 59
   Vorhand-Konter 60
   Rückhand-Konter 62
   Varianten 64
   Trainingsprogramm 65

Schmetter 69
   Vorhand-Schmetter 70
   Varianten 72
   Trainingsprogramm 75

Schupfen 80
   Vorhand-Schupf 81
   Rückhand-Schupf 82
   Varianten 83
   Trainingsprogramm 87

Unterschnitt-Abwehr 91
  Vorhand-Abwehr mit Unterschnitt 93
  Rückhand-Abwehr mit Unterschnitt 93
  Varianten 93
  Trainingsprogramm 100

Block 105
  Vorhand-Block 106
  Rückhand-Block 108
  Varianten 110
  Trainingsprogramm 111

Flip 116
  Vorhand-Flip gegen Unterschnitt 117
  Rückhand-Flip gegen Unterschnitt 117
  Varianten 117
  Trainingsprogramm 122

Ballonabwehr 127
  Vorhand-Ballonabwehr 128
  Rückhand-Ballonabwehr 128
  Trainingsprogramm 128

Aufschläge 132
  Aufschlagstellung 135
  Systematik der Aufschläge 140
  Trainingsprogramm 150

Training 152
  Systemtraining 152
  Balleimer-Training 165

Der Tischtennisschläger –
Werkzeug oder «Wunderwaffe»? (von Siegfried Möller) 168
  Das System Spieler ↔ Schläger ↔ Ball 168
  Das Zusammenwirken von Schlägerholz und Schlägerbelag 169

  Literaturverzeichnis 189
  Die Autoren 190

TISCHTENNIS – DAS SPIEL VERSTEHEN

Die Ballgrammatik

Wenn du mit dem Tischtennis anfängst und Fortschritte erzielen möchtest, mußt du das Spiel verstehen. Gemeint sind hier weniger die Spielregeln. Wir denken vielmehr an die eigentlichen Anforderungen und Schwierigkeiten, die Tischtennis an den Spieler stellt. Worauf kommt es also beim Tischtennisspielen an?
Wie bei jedem anderen Ballspiel auch, mußt du verschiedene Fähigkeiten und Fertigkeiten beherrschen, um erfolgreich zu sein. Nehmen wir an, dein Gegner holt gerade zu einem Schlag aus. Mit einem gewissen Erfahrungsschatz kannst du an seiner Ausholbewegung bereits erkennen, welche Schlagtechnik er einsetzen wird. Du überlegst im voraus, was passieren wird: Du antizipierst. Weitere Bewegungsmerkmale zeigen dir, welcher Ball auf dich zukommen wird. An der Schlägerblattstellung kannst du ableiten, welche Rotation der Ball hat. Die Geschwindigkeit des Armzugs, der Handgelenkeinsatz und die Schlagrichtung geben dir weitere Auskunft über das Tempo und die eigentliche Stärke der Rotation. Ein Ball kann mit viel oder wenig Rotation gespielt werden. Häufig kann man an der Stellung des Gegners und seiner Schlägerhaltung auch frühzeitig erkennen, wohin er den Ball plazieren wird. All diese Informationen benötigst du, um den Ball deines Gegners richtig zu beantworten. Optimal reagieren können wirst du aber erst dann, wenn dein Gegner den Ball getroffen hat (= Balltreffpunkt).
Warum nun diese Ausführungen? Viele meinen, um Tischtennis spielen zu können, braucht man nur die Schlagtechniken zu beherrschen. Das ist aber falsch. Schläge zu beherrschen ist eine Sache, eine andere, genauso wichtige ist, frühzeitig und richtig zu erkennen,
▶ mit welcher Plazierung,
▶ mit welchem Tempo,
▶ mit welcher Rotation,
▶ mit welcher Flughöhe
der Ball auf dich zukommt (PTRF-Effekte). Erst dann kannst du richtig rea-

gieren und den besten und wirkungsvollsten Antwortschlag auswählen. Du mußt also die Sprache des Balls verstehen, und – wie bei einer richtigen Sprache – die Grammatik kennen, was gerade beim Tischtennis nicht einfach ist. Du mußt wissen,
▶ wie welche Rotation erzeugt werden kann,
▶ wie der Ball fliegen und springen kann,
▶ wohin der Ball von wo plaziert werden kann,
▶ mit welchem Tempo welcher Ball geschlagen werden kann,
▶ mit welcher Flughöhe welcher Ball gespielt werden kann.

Wie wird welche Rotation erzeugt?

Je nachdem, wie ich den Ball treffe, gebe ich ihm unterschiedliche Rotation. Andere Wörter für Rotation sind «Schnitt», «Drall» oder «Effet». Dieser Schnitt kann nun sehr unterschiedlich sein. Das eigentlich Schwierige beim Tischtennis ist immer, richtig zu erkennen, «was im Ball drin ist» – wie der Profi sagt. Viel Unterschnitt oder wenig, Seitenunter- oder «reiner» Seitenschnitt, Seitenober- oder «reiner» Oberschnitt usw. Dazu schauen wir uns jetzt den Ball etwas näher an.

Wie kann ich den Ball treffen? Welcher Schnitt wird dabei erzeugt? Das sind eigentlich die wichtigsten Fragen beim Tischtennis. Wer hier immer die richtige Antwort weiß, wird ein sehr guter Spieler.

Um aber optimal erkennen zu können, was im Ball «drin» ist, werfen wir einen genaueren Blick auf den 2,5 Gramm schweren Ball. Der Ball ist rund. Wir können ihn also an verschiedenen Stellen treffen. Grundsätzlich unterscheiden wir zwei Möglichkeiten des Balltreffens (siehe Grafik Seite 9 oben). Wir können den Ball

▶ «voll treffen» (= zentraler Schlag, der Ball erhält keine Rotation) oder
▶ «streifen» (= tangentialer Schlag, der Ball erhält viel Rotation).

Darüber hinaus gibt es viele andere Balltreffmöglichkeiten, sogenannte Mischformen. Diesen verschiedenen Balltreffmöglichkeiten werden nun sprachlich Schlagtechniken zugeordnet, wie z. B. «Topspin», «Schupf» usw. Beim bekannten Schmetter wird der Ball voll im Zentrum getroffen (= zentrales Treffen), beim Topspin hingegen von unten nach oben «gezogen» oder «gerissen» (= tangentiales Treffen), bzw. beim Unterschnitt-Schupf oder -Abwehrschlag von oben nach unten «geschnitten». Gerade beim Aufschlag werden die meisten Mischformen gespielt. Die «Grammatiktafel» auf den Seiten 10/11 verdeutlicht diese Zuordnungen und Zusammenhänge und gibt dir einen Überblick über alle Grundschlagtechniken.

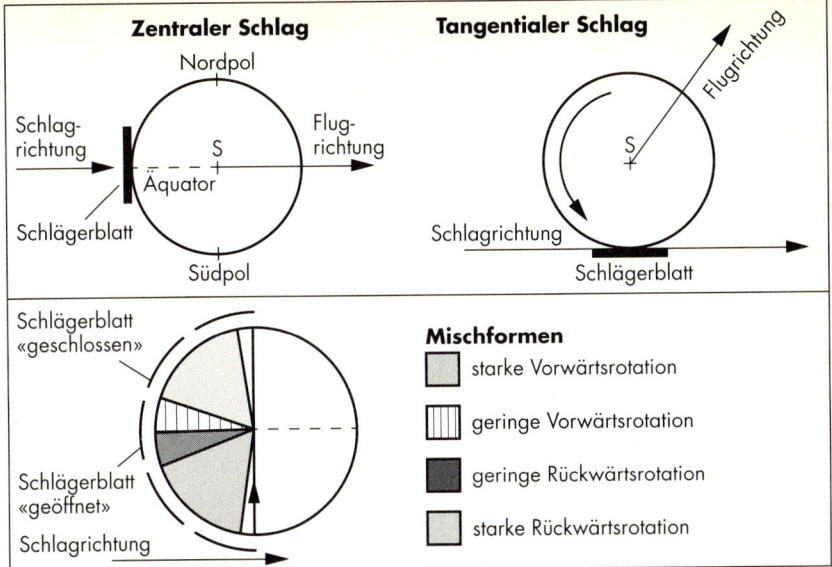

Balltreffmöglichkeiten und daraus resultierende Schlagprinzipien

Besonders «hinterlistige» Schnittvariationen können beim Aufschlag entstehen. Sie anzunehmen ist extrem schwierig. Aber das geht nicht nur dir so, auch absolute Topspieler machen bei der Aufschlagannahme immer wieder Fehler. Allein zu wissen, welcher Schlag welchen Schnitt erzeugt, reicht noch nicht aus, auch richtig zu beurteilen, welcher Schnitt nun tatsächlich im Ball ist. In einem Topspin kann viel Oberschnitt sein, weil der Spieler den Arm besonders schnell nach oben gezogen hat, es kann aber eben auch etwas weniger «drin» sein, weil die Arm- oder Handgelenkbewegung nicht ganz so schnell war. Wir sprechen in diesem Zusammenhang von den *Varianten* einer Schlagtechnik. Je stärker ein Spieler einen Schlag variieren kann, um so besser ist er. Doch diese Varianten zeigen die guten Spieler ihren Gegnern natürlich nicht so deutlich. Sie versuchen, ihre Gegner ständig zu täuschen. Wie im Fußball kennen wir auch im Tischtennis sogenannte *Finten*. Da wird ein starker Unterschnitt durch eine entsprechende Bewegung angetäuscht. Im Moment des Balltreffpunkts wird dann aber das Handgelenk nicht so stark eingesetzt, der Ball erhält wenig «Unterschnitt».

10 Tischtennis – das Spiel verstehen

Schlag-prinzip	Tischtennis-sprache	Rotationserzeugung – Flug- und Absprung-verhalten	Schnittart und -stärke	Schlag-techniken
zentraler Schlag	«schlagen» a1 «heben» a2 Der Ball wird mit senkrecht zur Schlagrichtung gestelltem Schlägerblatt im Zentrum getroffen		ohne Schnitt (a1) ohne Schnitt (a2)	Schmetter Hebeschupf, Hebeballon
tangentialer Schlag	«schneiden» b1 Der Ball wird mit waagerecht zur Schlagrichtung gestelltem Schlägerblatt seitlich – von oben nach unten		starker Unterschnitt (b1)	Schneideschupf, Unterschnittverteidigung
	«ziehen» oder «reißen» b2 – von unten nach oben «gestriffen»		starker Oberschnitt (b2)	Topspin
	«anschneiden» b3 Der Ball wird mit waagerecht zur Schlagrichtung gestelltem Schlägerblatt – von rechts nach links b3 – von links nach rechts «gestriffen»		starker Seitenschnitt (b3)	Seitenschnittaufschläge

Schlag-prinzip	Tischtennis-sprache	Rotationserzeugung – Flug- und Absprung-verhalten	Schnittart und -stärke	Schlag-techniken
Misch-formen	«schlagen» c1 Der Ball wird mit schräg zur Schlagrichtung gestelltem Schlägerblatt getroffen – leicht geschlossen		leichter Ober-schnitt (c1)	Konter
	«schieben» c2 – leicht geöffnet		leichter Unter-schnitt (c2)	Schiebe-schupf
	«seitlich über- und unterschneiden» c3 c4 Der Ball wird sowohl seitlich als auch von oben nach unten (c4) bzw. von unten nach oben (c3) «gestriffen»		Seiten-ober-schnitt (c3)	Auf-schläge, Sidespin
			Seiten-unter-schnitt (c4)	Auf-schläge, Seiten-schnitt-schupf

Rotationsgrammatik des Tischtennisspiels

Was bewirkt Rotation: Wie fliegt und springt der Ball?

Der Ballflug und sein Absprungverhalten auf dem Tisch sind für dich weitere wichtige Hinweise darauf, welcher Schnitt im Ball ist:
- ▶ Stark überschnittene Bälle (Topspins) fliegen hoch und kurz. Sie springen flach und schnell auf dem Tisch ab.
- ▶ Rotationsarme Bälle fliegen ziemlich gerade und mittellang.
- ▶ Stark unterschnittene Bälle fliegen flach und im Verhältnis zum Topspin länger. Sie springen auf dem Tisch steil nach oben ab.
- ▶ Bälle mit viel Rotation sind bei gleicher Treffgeschwindigkeit des Balles langsamer als mehr zentral getroffene Bälle mit wenig oder gar keiner Rotation.

Von wo kann der Ball wohin plaziert werden?

Die Plazierung des Balles hängt immer auch vom Standort des Spielers und dem damit verbundenen Balltreffpunkt ab. Wir sprechen in diesem Zusammenhang vom *Streuwinkel*. Die Abbildung verdeutlicht, daß bestimmte Ballwege von bestimmten Schlagpositionen nicht gespielt werden können. Dein eigenes Stellungsspiel ist somit von der Schlagposition deines Gegners abhängig.

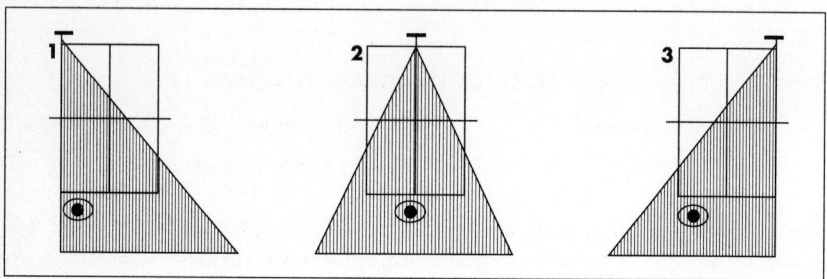

Streuwinkel

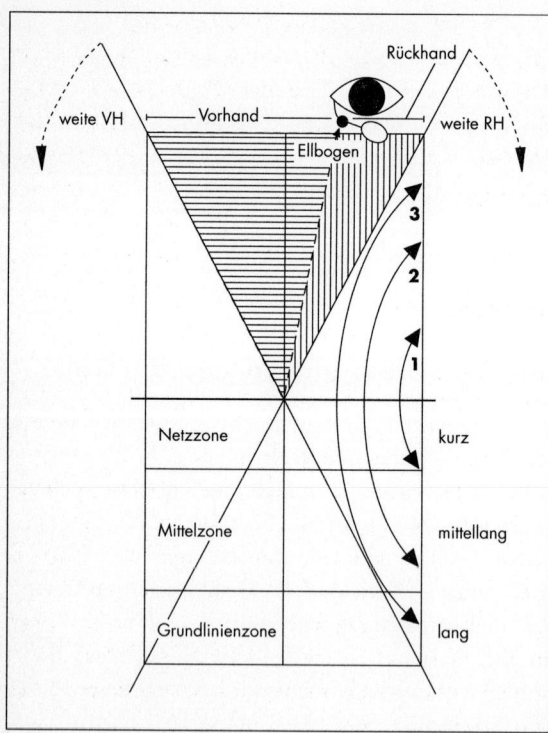

Die Tischhälfte ist in *Zonen* unterteilt, die ein guter Spieler gezielt anspielen können sollte. Bewußte Plazierungsschulung ist von Anfang an wichtig. «Plazierung» ist wie «Schnitt» eine Ballbehandlungsmöglichkeit, die wir immer möglichst lange verdeckt halten sollten. Gerade Plazierungsfinten haben größte Wirkung. Zwei Drittel des Tisches werden in der Regel durch die Vorhand abgedeckt (vgl. Seite 32).

Zoneneinteilung des Tisches

Welche Bälle sind schnell, welche langsam?

Die schnellsten Bälle sind natürlich die Schmetterbälle, die voll im Zentrum getroffen werden. Deswegen «knallt's» beim Schmettern ja auch so schön. «Profis» sprechen auch vom «Schuß». Schmetterbälle erreichen eine Geschwindigkeit von bis zu 200 km/h. Auch Topspinbälle können sehr schnell sein, wenn sie nach vorn «durchgezogen» werden. Die langsamsten Bälle sind dagegen die Schupf- und Stopbälle.

Wie hoch können Bälle geschlagen werden?

Man will es gar nicht glauben, aber hohe Bälle können ganz schön gefährlich sein. Je höher, desto besser. Die Ballonabwehr kommt hier zum Einsatz. Wenn der Ball neben der Höhe auch noch die richtige Länge hat – möglichst nahe der Grundlinie –, ist er nicht einfach zu spielen. Dazu mußt du das Absprungverhalten des Balles in jedem Falle genau berechnen können, sonst schlägst du daneben oder triffst den Ball gar nicht. Bedingt durch die hohe, gebogene Flugkurve eignet sich natürlich die Topspintechnik besonders gut für hohe Ballonabwehrbälle. Selbst im Spitzenbereich sind solche Bälle noch wirkungsvoll.
Wir fassen zusammen: Die Sprache des Balles (PTRF-Effekte) zu verstehen ist Grundvoraussetzung, um Tischtennis spielen zu können. Dabei kommt es insbesondere darauf an, die Rotation des ankommenden Balles richtig einschätzen zu können. Was nützt dir die beste Technik, wenn du den ankommenden Ball falsch beurteilst? Du wirst ihn verschlagen.

Technik im Tischtennis

Was wir über Technik denken

Tischtennis ist eine sehr komplexe Sportart. Technik, Taktik, Kondition, Psyche, Sozialverhalten und sportartspezifische Kenntnisse sind Bereiche, in denen der Spieler gefordert wird. Ziel dieses Buches ist, über den Bereich Technik ausführlich zu informieren. Nicht weil wir meinen, daß Technik die wichtigste Anforderung wäre, um erfolgreich Tischtennis zu spielen, aber sie ist eine Grundvoraussetzung – das Handwerkszeug des Tischtennisspielers. Man könnte auch sagen: das Mittel zum Zweck. Ohne Technik keine Taktik. Jeder Technikeinsatz hat also auch eine taktische Dimension. Insofern liefert dieses Buch auch sehr viele taktische Informationen.

Die Vorstellungen über die «richtige» Technik im Tischtennis gehen auseinander. Die Technik, die dem einen Trainer gefällt, wird vom anderen bemängelt. Das hängt unter anderem mit dem Verfahren zusammen, das zur Technikanalyse herangezogen wird. Wir schließen uns einer funktionellen Betrachtungsweise von Technik an, die besagt: *Jeder Schlag hat eine Funktion.* Mit jedem Schlag versuche ich, ein bestimmtes Ziel zu erreichen, am besten einen Punkterfolg. Technik ist also Mittel zum Zweck «Punkterfolg». Die Ausführung einer bestimmten Technik hängt von der Spielsituation und den individuellen Voraussetzungen des Spielers ab.

Wie hängen Technik und Taktik zusammen?

Im Verlauf der nun mehr als hundertjährigen Entwicklung des Tischtennisspiels sind, bedingt durch die neuen Materialien (Schläger, Ball, Tisch), das sich ständig ändernde Regelwerk und das sportartspezifische «Know-how» (Trainingslehre, Biomechanik, Materialforschung), verschiedene Verfahren entwickelt worden, den Ball erfolgreich zu schlagen. Diese Verfahren werden als Schlagtechniken oder technische Fertigkeiten bezeichnet. Dabei dient die Technik im wettkampforientierten Tischtennisspiel dazu, eine bestimmte Spielsituation und die daraus resultierende Schlagbewegungsaufgabe auf möglichst zweckmäßige und ökonomische Weise zu lösen. Schönheits- oder Haltungsnoten gibt es im Wettkampfsport Tischtennis nicht, wenngleich der ästhetische Reiz des «Schön-Spielens» sicher auch beim Tischtennis nicht zu leugnen ist.

In der Praxis haben sich bestimmte Schlagbewegungen als Lösungsmuster zur erfolgreichen Bewältigung bestimmter Spielsituationen als geeignet erwiesen. Diese Schlagtechniken sind dann mit bestimmten Fachbegriffen belegt worden, die leider nicht immer einheitlich ausfielen. Gerade im Bereich der Tischtennis-Technik gibt es eine Begriffsvielfalt, die nicht gerade zur Erhellung der Technik-Komplexität beiträgt. Die Schlagtechnik «Topspin» ist aus der taktischen Situation heraus entwickelt worden, einen stark unterschnittenen Ball mit Oberschnitt anziehen zu können. Heute wird der Topspin auch zur Lösung vieler anderer Spielsituationen herangezogen. Jede Schlagtechnik ist somit ein «individualtaktisches Handlungselement».

Je besser deine technische Ausbildung ist, je sicherer und stabiler deine Technik in den verschiedensten Spielsituationen ist, um so taktisch variabler kannst du spielen. Ein Anfänger wird zunächst nur darauf bedacht sein, den Ball über das Netz zu bekommen, da er noch zu sehr auf seinen eigenen Bewegungsablauf konzentriert ist. Er wird aufgrund seiner mangelnden Spielerfahrung auch viele Bälle gar nicht beantworten können, weil er die Ballgrammatik noch nicht beherrscht, den Ball also hinsichtlich seiner Rotation nicht richtig beurteilen kann. Ein erfahrener Spieler mit wettkampfstabiler Technik wird dagegen vielmehr auch taktisch spielen können. Er muß seine Aufmerksamkeit nicht mehr auf die eigenen Bewegungsabläufe lenken, weil sie zunehmend automatisiert sind. Erst wenn seine Bewegungskoordination zum Beispiel durch Streß (Angst) negativ beeinflußt wird, verliert er seine Schlagsicherheit und damit auch die Fähigkeit, taktisch zu spielen.

Wie verläuft eine Schlagbewegung?

An einer Schlagbewegung sind immer die verschiedensten Muskelgruppen beteiligt: Fuß-, Bein-, Rumpf-, Schulter-, Arm- und Fingermuskeln. Sie werden vom Gehirn so gesteuert (koordiniert), daß die durch Vordehnung (Ausholen) gewonnene Bewegungsenergie im Moment des *Balltreffpunktes* auf den Ball übertragen wird (Schlagen). Die «überschüssige» Bewegungsenergie wird anschließend abgebremst (Ausschwingen). Der Arm wird je nach zur Verfügung stehender Zeit in die Neutralposition zurückgeführt oder direkt in eine neue Ausholbewegung überführt (Rückführung).

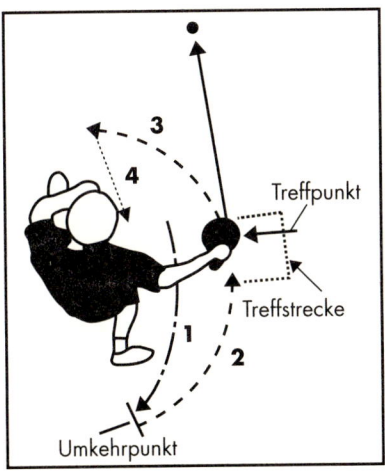

Phaseneinteilung einer Schlagbewegung

1 = Ausholphase
2 = Schlagphase (bis zum Treffpunkt)
3 = Ausschwungphase
4 = Rückführungsphase

Diese vier Phasen einer Schlagbewegung
▶ Ausholphase,
▶ Schlag-/Treffphase,
▶ Ausschwungphase,
▶ Rückführungsphase

sind nicht losgelöst voneinander zu betrachten. Die Ausholphase beeinflußt die Schlagphase und die Ausschwungphase, die wiederum die Phase der Rückführung mitsteuert. Eine weite Ausholbewegung, die in eine schnelle Schlagphase überleitet, zieht automatisch eine weite Ausschwungphase nach sich. Die Ausprägung der Schlagphasen hängt letztlich vom *Ziel der Schlaghandlung* ab. Das Ziel ist wiederum abhängig von den *Schlagbedingungen*. Dabei sind drei situative Bedingungen besonders hervorzuheben:
1. Zeit: Hat der Spieler genügend Zeit zum Ausholen?
2. Stellung zum Ball: Steht der Spieler günstig zum Ball, oder muß er ihn erst erlaufen?
3. Ankommender Ball: Kommt der Ball lang oder kurz, mit viel oder wenig Schnitt?

Abhängig vom Können des Spielers ist das vorweggenommene Schlagziel so fixiert, daß kurzfristige situative Veränderungen, wie etwa nicht erwartete Ballplazierungen oder gar Netz- und Kantenbälle, zu keinen Anpassungen der Schlagbewegung mehr führen. Je besser ein Spieler ist, um so eher kann er kurzfristige situative Veränderungen schlagtechnisch berücksichtigen, z. B. einen Netz- oder Kantenball noch zurückspielen.

Technikbewertung im Tischtennis

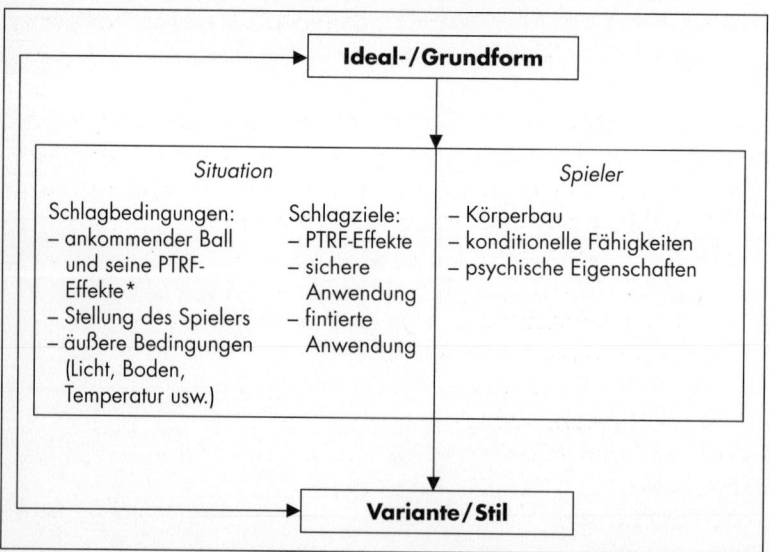

Funktionelle Technikbewertung (*Plazierung, Tempo, Rotation, Flughöhe)

Der Einsatz bestimmter Schlagtechniken ist einerseits abhängig von der Spielsituation, andererseits von den individuellen Voraussetzungen des Spielers:
- ▶ Körperbau und -größe, Alter,
- ▶ konditionelle Fähigkeiten,
- ▶ psychische Eigenschaften wie u. a. Intelligenz, Motivation, Entscheidungsfreude.

Die äußeren Spielbedingungen beeinflussen die Ausführung der Schlagtechniken zusätzlich:
- ▶ Verhalten des ankommenden Balles,
- ▶ Tisch-, Boden- und Lichtverhältnisse, Ball, Aktionsraum, Schlägermaterial, Temperatur und Luftfeuchtigkeit.

Je besser du wirst, um so stärker wirst du diese äußeren Einflüsse spüren.
Nun haben Trainer nicht selten eine Idealvorstellung von einer bestimmten Technik, bezogen auf das Ausholen, die Beinstellung, die Schlagarmbewegung usw. Von diesem Ideal weicht aber im Grunde jeder Spieler bei der situativen Durchführung einer Technik individuell ab. Und so können auch die Techniken der in diesem Buch abgebildeten Spieler nur als individuelle Annäherung an eine Idealvorstellung der Bewegung angesehen werden. Darüber hinaus erfährt jede Ideal-Technik durch die taktische Spielsituation viele Varianten. So unterscheidet sich der Topspin auf Unterschnitt deutlich vom Topspin auf Oberschnitt. Das gilt ebenso für seine parallele oder diagonale Plazierung, denn auch da wirst du deine Topspinbewegung entsprechend anpassen müssen.
Die individuelle, körperlich bedingte Ausprägung einer Schlagtechnik wird mit dem Begriff *Stil* bezeichnet. So ausgeprägt ein persönlicher Stil auch sein mag, bestimmte Bewegungsmerkmale sind im Moment des Balltreffpunktes von jedem einzuhalten. Diese Merkmale sind idealtypisch und wirken im Sinne einer funktionellen Bewegungsvorschrift. Beachtest du sie nicht, mißlingt dein Schlag.
Grundlegend für das Gelingen deines Schlages sind im Moment des Balltreffpunktes folgende Bewegungsmerkmale:
- ▶ die Stellung des Schlägerblattes,
- ▶ die Geschwindigkeit des Schlägers,
- ▶ die Schlagrichtung im Hinblick auf das gewünschte Rotationsverhalten und die Flughöhe des ankommenden Balles,
- ▶ die Schlagrichtung im Hinblick auf die räumlichen Ziele des Schlages (Plazierung).

18 Tischtennis – das Spiel verstehen

Schlägerblatt-stellungen:

geöffnet

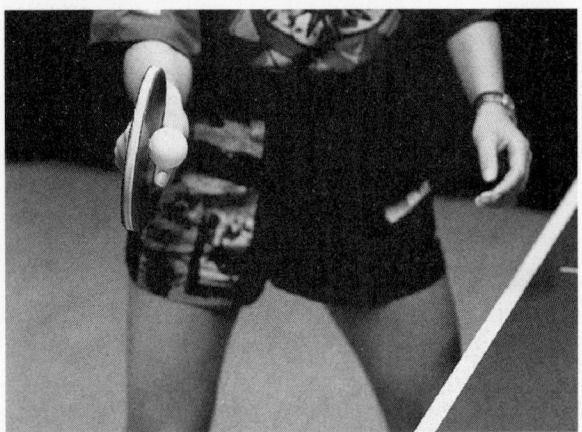

senkrecht

geschlossen

Technikbewertung im Tischtennis 19

Schlagrichtung im Hinblick auf das gewünschte Rotationsverhalten
a) Der Ball wird mit senkrecht gestelltem Schlägerblatt voll im Zentrum «geschlagen» (z. B. Schmetter).
b) Der Ball wird von unten nach oben mit (mehr oder weniger) geschlossenem Schlägerblatt «gezogen» (z. B. Topspin).
c) Der Ball wird von oben nach unten mit (mehr oder weniger) geöffnetem Schlägerblatt «geschnitten» (z. B. Unterschnitt-Abwehr).
d) Der Ball wird von links nach rechts/rechts nach links mit senkrecht gestelltem Schlägerblatt «geschnitten» (z. B. Aufschläge).

Nicht abgebildet:
e) Seiten-Unterschnitt – Mischform aus c) und d)
f) Seiten-Oberschnitt – Mischform aus b) und d)

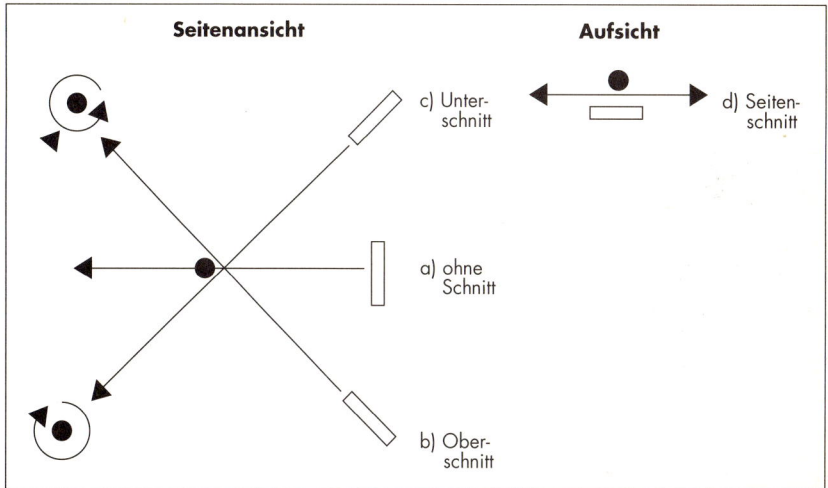

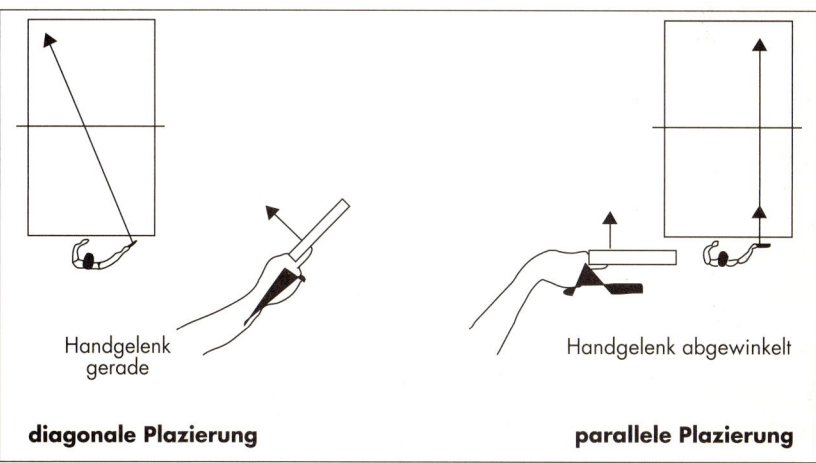

Schlagrichtung im Hinblick auf die räumlichen Ziele eines Schlages

Du mußt also zwischen Haupt- und Hilfsaktionen einer Schlagtechnik unterscheiden. Ein Beispiel soll dies verdeutlichen: Damit du einen Topspin erfolgreich auf einen stark unterschnittenen Ball ziehen kannst, muß
▶ deine Schlägerblattstellung stimmen (senkrecht bis leicht geschlossen),
▶ dein Schläger den Ball mit der richtigen Geschwindigkeit treffen (hohe Geschwindigkeit),
▶ dein Schläger den Ball im richtigen Moment der Flugphase treffen (nicht zu spät bzw. zu tief / nicht zu früh bzw. zu hoch),
▶ die Schlagrichtung annähernd senkrecht von unten nach oben führen.

Verstößt du gegen eines dieser Merkmale, so wird der Schlag trotz
▶ optimaler Ausgangsstellung und Ausholbewegung,
▶ richtigen Balltreffpunktes in Relation zur Flugphase und zum Körper,
▶ angemessener Ausschwungphase mit Körpergewichtsverlagerung
zu einem Schlagfehler führen.

Die Hauptaktion einer Schlagbewegung liegt im Balltreffpunkt bzw. kurz davor in der Treffstrecke. Hilfsaktionen wie die Beinstellung, das Ausholen, die Körperbewegung und das Ausschwingen lassen dagegen schon eher Bewegungsspielräume zu. Das bedeutet aber nicht, daß du sie vernachlässigen könntest. Denn häufig führen Fehler in der Hilfsaktion einer Schlagbewegung zu Fehlern in der Hauptaktion. Wir sprechen in diesem Zusammenhang von einer *Fehlerkette*. Eine zu kurze Ausholbewegung kann z. B. eine zu geringe Schlägergeschwindigkeit verursachen. Dennoch ist es äußerst wichtig, sich von Anfang an der Bedeutung des Balltreffpunktes bewußt zu sein und sich entsprechend darauf zu konzentrieren.

Die Schlagtechnik Topspin hast du bereits als ein Lösungsmuster für die Spielsituation «Anziehen eines unterschnittenen Balles» kennengelernt. Abhängig von dem ankommenden Ball (stark unterschnitten, flach, lang in die Tischmitte plaziert) wirst du dir dein eigenes Schlagziel setzen: Topspin mit viel Spin, parallel in die Rückhandseite plaziert, oder schneller Topspin, diagonal auf die Vorhand gezogen. Du variierst also den Topspin. Das Topspin-Schlagprinzip des tangentialen Treffens bleibt erhalten, du nimmst nur Veränderungen beim Ausholen, in der Schlagrichtung und der Schlägerblattstellung sowie in der Schlägergeschwindigkeit vor. Solche Veränderungen kennzeichnen die sogenannten Varianten einer Schlagtechnik.

Beim Techniklernen kommt es zunächst darauf an, die Hauptbewegungsmerkmale einer Schlagtechnik in einer methodisch vereinfachten Form zu lernen. Mit den Varianten wird der Spieler im Laufe des Lernprozesses und der damit einhergehenden Komplexität des Spiels zunehmend konfrontiert. Diese metho-

disch vereinfachte Form einer Schlagtechnik wird Grundform (siehe Abb. S. 16) genannt. Sie zeichnet sich dadurch aus, daß eine Schlagtechnik unter Berücksichtigung der Hauptbewegungsmerkmale
▶ mit einem bestimmten Balltreffpunkt,
▶ in einem regelmäßigen Ballweg,
▶ im diagonalen Ballweg,
▶ mit mäßigem Tempo,
▶ mit hoher Bewegungssicherheit
gespielt werden kann.

Alle Techniken im Blick

Die Tabelle auf Seite 22 zeigt das breite Spektrum der technischen bzw. individualtaktischen Elemente im Überblick. Dabei werden die Techniken nach verschiedenen Kriterien geordnet.
1. Ebene: Hier unterscheiden wir zwischen Technik mit und ohne Ball.
2. Ebene: Grundsätzlich sind Aufschlag- und Rückschlagtechniken voneinander zu unterscheiden. Beim Aufschlag liegt ein völlig anderer Bewegungsablauf vor als bei einer Rückschlag-Technik, die zudem immer mit Gegnerbehinderung vollzogen wird.
3. Ebene: Die Schlagprinzipien «zentral»/«tangential» sind das Unterscheidungskriterium dieser Ebene. Sie erlauben es, Schlagtechniken in bestimmte Familien einzuordnen, um damit dann auch Lerntransfers bei der Technikschulung herzustellen.
4. Ebene: In Verbindung mit den umgangssprachlichen Technikbezeichnungen werden nun die Technik-Grundformen genannt.
5. Ebene: Es folgt die Unterscheidung nach Rückhand- und Vorhand-Ausführung.
6. Ebene: Es sind dann die wichtigsten Varianten aufzugliedern.
7. Ebene: Der Einfluß des Materials auf die Bewegung.

Die Allround-Ausbildung

Das moderne Tischtennis hat sich in den vergangenen 20 Jahren immer mehr zu einer technischen Allround-Sportart entwickelt. Während sich früher verschiedene taktische Systeme oder Spielanlagen sehr klar voneinander unterscheiden ließen, fallen heutzutage solche Abgrenzungen sehr viel schwerer. Zwar können wir auch heute noch defensive von offensiven Spielanlagen unterscheiden, aber Vertreter beider Systeme verfügen für bestimmte Spiel-

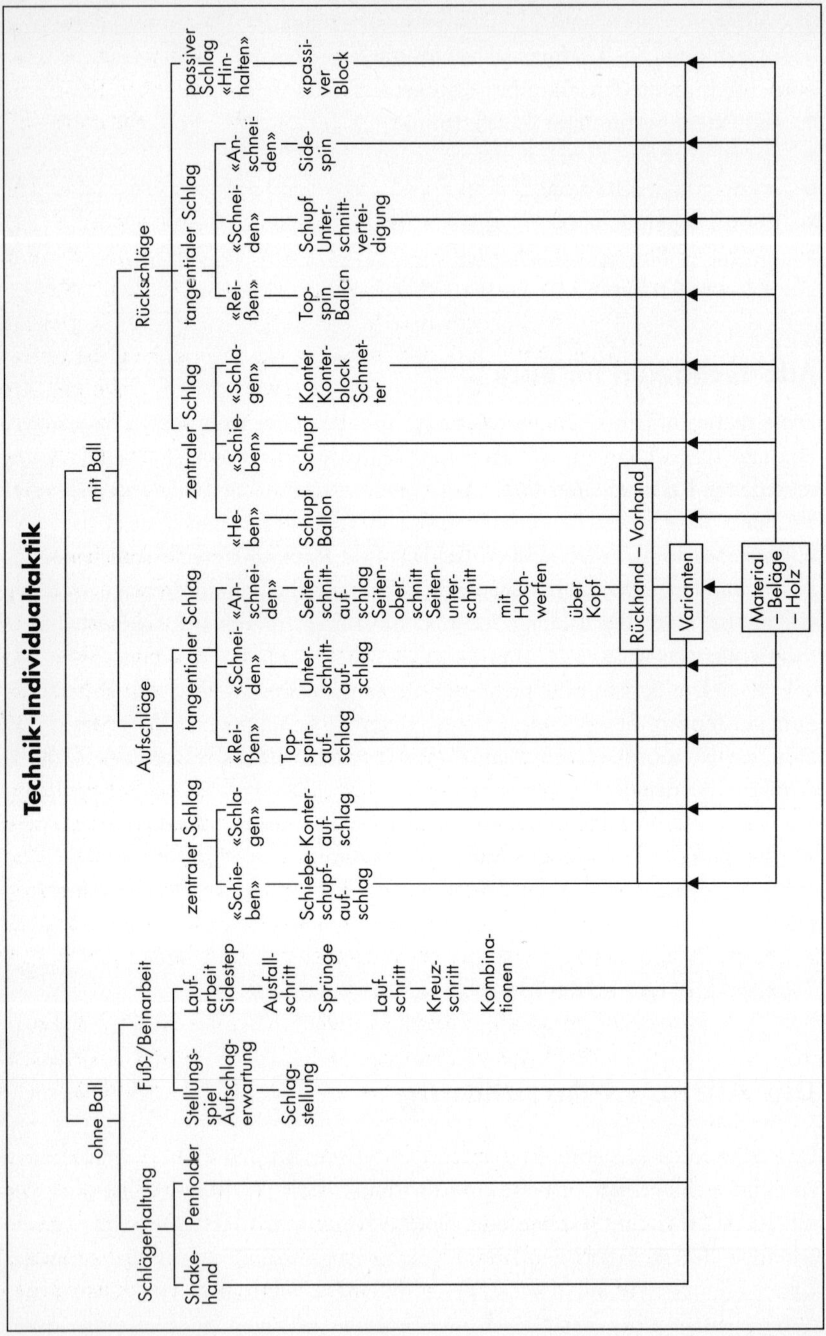

22 Tischtennis – das Spiel verstehen

Technik-Individualtaktik

situationen über offensive wie defensive Techniken. Die besten Abwehrer können ebenso gut mit Topspin angreifen wie die besten Angreifer in einer bestimmten Spielsituation auch schon mal einen Unterschnitt-Abwehrball einstreuen. Diese taktischen «Mischformen» zeichnen sich durch eine hohe Vielseitigkeit aus.

Deswegen empfehlen wir, daß besonders im Grundlagentraining alle Schlagtechniken eingeführt und geschult werden. Im weiteren Trainingsprozeß wird dann von allein deutlich, in welche taktische Richtung ein Spieler tendiert. Wenn er mehr die Anlage zu einem offensiven Spieler hat, so werden sicherlich die Offensivtechniken im Vordergrund der Ausbildung stehen. In gleicher Weise werden beim defensiv orientierten Spieler entsprechend mehr die Defensivtechniken betont. In jedem Falle aber sollte auch weiterhin die Schulung und Verfeinerung *aller Schlagtechniken* verfolgt werden. Denn je größer das technische Repertoire eines Spielers ist, desto vielfältiger sind seine taktischen Handlungsmöglichkeiten im Wettkampf. Um so besser kann er sich auf seinen Gegner einstellen.

Lange Jahre wurde in der Tischtennis-Methodik intensiv darüber nachgedacht, in welcher Reihenfolge welche Schlagtechniken eingeführt werden sollten. Wir sind der Meinung, daß von Anfang an sowohl «tangentiale» als auch «zentrale» Schlagtechniken geschult werden müssen. Es macht keinen Sinn, daß Spieler erst einmal nur kontern lernen, um dann später den Topspin hinzuzufügen. Womöglich ist dann die Konterbewegung bereits so stabilisiert, daß dem Spieler das Erlernen der Topspinbewegung schwerfällt. Ebenso halten wir es für sehr wichtig, daß der Spieler von Anfang an zu einer beidseitigen Ausführung der Schlagtechniken angehalten wird. Gerade eine koordinativ sehr anspruchsvolle Technik wie der Rückhand-Topspin sollte parallel zum Vorhand-Topspin eingeführt werden, damit der Spieler die strukturellen Gemeinsamkeiten (tangentiales Treffen) mit dem Vorhand-Topspin erfährt und erkennt sowie die unterschiedlichen Bewegungsmerkmale im Vergleich zum Rückhand-Konter bewußt erlernt (kontrastives Lernen).

Natürlich wird kein Spieler alle Schlagtechniken gleich gut ausüben können. Aber dadurch, daß er möglichst frühzeitig alle Schlagtechniken sozusagen «angeboten» bekommt, fällt es leichter, eine *individuell differenzierte Spielanlage* zu entwickeln.

Ausgehend von den beiden grundsätzlich voneinander zu unterscheidenden Aufschlagsituationen «Unterschnitt-» bzw. «Oberschnitt-Aufschlag» lassen sich die «Antwortschlagtechniken» entsprechend zuordnen. Diese Schlagtechniken werden nach ihrer Einführung als Grundform im Trainingsprozeß ständig wiederholt und hinsichtlich ihrer variantenreichen Ausführungsmöglichkeiten verfeinert.

Tischtennis-Grundstellung

Das hohe Spieltempo der Rückschlagsportart Tischtennis erfordert eine spezifische Grundstellung. Sie unterstützt dich, unter großem Zeitdruck die für die beabsichtigte Schlagtechnik optimale Position einzunehmen, und vermindert gleichzeitig das Risiko, durch den Gegner ausplaziert zu werden. Grundsätzlich unterscheiden wir bei der Position zum Tisch zwischen der Stellung, in welcher der Aufschlag erwartet wird, und der Stellung, die innerhalb der Ballwechsel eingenommen werden muß. Die Körperhaltung ist dabei weitgehend identisch.

Die Position, in der du den Aufschlag erwartest, nennen wir Grundstellung. Sie soll dir ermöglichen, mit nur einem Schritt jeden Aufschlag des Gegners zu erreichen. Wegen der größeren Reichweite mit der Vorhand stellst du dich ungefähr in die Mitte deiner Rückhand-Hälfte. Der Abstand zum Tisch ist so groß, daß bei ausgestrecktem Arm die Schlägerspitze die Tischkante berührt. Deine Füße sind deutlich mehr als schulterbreit auseinander. So sind schnellste Bewegungen zu allen Seiten möglich, ohne dabei das Gleichgewicht zu verlieren. Bei Rechtshändern (für den Linkshänder gelten in der Folge bei Beschreibungen «rechts-links» die entsprechend anderseitigen Aussagen) ist der rechte Fuß ungefähr eine halbe Fußlänge weiter vom Tisch entfernt als der linke, und gleichzeitig zeigt deine rechte Fußspitze etwas nach außen. So stehst du in einem leicht geöffneten Winkel zur Grundlinie des Tisches. Dein Körpergewicht ist gleichmäßig auf beide Füße verteilt, ruht dabei jedoch hauptsächlich auf den Fußballen. Die Fersen sind entlastet, ohne daß du sie vom Boden anhebst. Fußgelenk (oberes Sprunggelenk), Knie und Hüften werden gebeugt, deinen Oberkörper lehnst du bei geradem Rücken nach vorn. Der Oberarm der Schlaghand hängt locker herunter, den Unterarm winkelst du so weit an, daß die Unterkante des Schlägers sich ungefähr auf der Höhe des Tisches befindet. Zwischen dem Ellbogen und dem Körper ist ein Abstand von ein bis zwei Handbreit. Der Schläger zeigt in einer neutralen Position zwischen Vorhand- und Rückhandseite mit seiner Spitze nach vorn. Die Position des freien Armes entspricht der des Spielarmes. Aus dieser Position kannst du sowohl Vorhand- wie Rückhandschläge gleichermaßen gut ausführen.

Die Grundstellung soll Abbild gespannter Aufmerksamkeit sein. Sie ist vergleichbar mit der Position des Fußballtorwarts beim Elfmeter. Da du dich nicht nur schnell bewegen, sondern auch möglichst bequem und ermüdungsfrei in der Grundstellung stehen sollst, ist diese sehr individuell ausgeprägt. Körperhöhe, Länge der Extremitäten, Zusammensetzung der Muskulatur und Spielsystem beeinflussen die Position.

Tischtennis-Grundstellung 25

Grundstellung: Schläger in Neutralposition genau zwischen Vorhand und Rückhand

Während der Ballwechsel bleibt die beschriebene Stellung des Körpers grundsätzlich erhalten. Je nach Plazierung des gegnerischen Schlages und des beabsichtigten eigenen Schlages veränderst du deine Grundstellung natürlich so, daß du für den nächsten eigenen Schlag eine optimale Position zum Ball und zum Tisch hast. Diese Position des Körpers nennen wir Schlagstellung (vgl. die Abbildungen auf Seite 26). Sie bezieht sich nur auf den jeweils nächsten Schlag. Während bei allen hinter dem Tisch gespielten Vorhandschlägen der rechte Fuß mehr oder weniger weit zurückgenommen wird, können Rückhandschläge auch mit einer zur Grundlinie parallelen Fußstellung gespielt werden. Aus großer Distanz zum Tisch kannst du sogar bei Rückhandschlägen den linken Fuß zurücknehmen.

26 Tischtennis – das Spiel verstehen

Schlagstellungen:

**Frontale
Vorhand-Schlagstellung**

**Frontale
Rückhand-Schlagstellung**

**Seitliche
Vorhand-Schlagstellung**

**Seitliche
Rückhand-Schlagstellung**

Shakehand-Schlägerhaltung

Grundlage deiner technischen und taktischen Entwicklung ist die Schlägerhaltung. Zwei deutlich voneinander abgrenzbare Schlägerhaltungen haben sich in der Geschichte des Tischtennissports durchgesetzt: die *Shakehand*-Griffhaltung, mit der fast alle europäischen Spieler und mittlerweile auch sehr viele asiatische Spieler ihren Schläger halten, und die *Penholder*-Griffhaltung, die hauptsächlich von asiatischen Spielern bevorzugt wird. Mit der Penholder-Griffhaltung schlägt der Spieler alle Bälle nur mit einer Seite des Schlägers. Mit dem Shakehand-Griff wird sowohl mit der Vorhand- als auch mit der Rückhandseite des Schlägers gespielt. (Neuerdings gibt es chinesische Spieler, die mit der Penholder-Griffhaltung ebenfalls die Vorhand- und die Rückhandseite ihres Schlägers benutzen; es bleibt abzuwarten, ob sich diese Variante durchsetzen kann.)

Vorhand   **Rückhand**

Penholder-Schlägerhaltung (China-Variante)

Die Entwicklung im Spitzenbereich des Tischtennissports zeigt eine eindeutige Tendenz hin zur Shakehand-Griffhaltung, die auch nach unserem Ermessen im modernen Tischtennis eindeutige Vorteile besitzt:

Shakehand-Schlägerhaltung

Vorhand

Rückhand

- ▶ die Reichweite, besonders auf der Rückhandseite, ist größer,
- ▶ der Shakehand-Griff ist für das Verteidigungsspiel geeigneter,
- ▶ im technischen Bereich sind mehr Alternativen möglich, z. B. Rückhand-Topspin,
- ▶ es müssen weniger extreme Laufwege zurückgelegt werden als beim Spiel mit dem Penholder-Griff.

Aus diesen Gründen beschränken wir uns hier auf die Darstellung der Shakehand-Griffhaltung.
Bei der Shakehand-Griffhaltung faßt du den Schlägergriff so, als wolltest du jemandem die Hand schütteln. Der Daumen liegt auf der Vorhandseite des

Shakehand-Schlägerhaltung 29

Bewegungsmöglichkeiten des Handgelenks:

Rückhand zum Körper angewinkelt

Rückhand vom Körper abgewinkelt

Vorhand nach unten abgewinkelt

Vorhand nach oben angewinkelt

Schlägerblattes, der Zeigefinger parallel zum Daumen auf der Rückhandseite. Die drei übrigen Finger umfassen den Schlägergriff gerade so locker, daß der Schläger auch bei Schlägen mit größter Schlaggeschwindigkeit nicht unfreiwillig die Hand verlassen kann. Besonders wichtig ist bei dieser Griffhaltung, daß die natürliche Beweglichkeit des Handgelenks nicht beeinträchtigt wird. Dann wären verschiedene Schlagtechniken nicht mehr optimal durchführbar, was deine taktischen Möglichkeiten begrenzen würde.

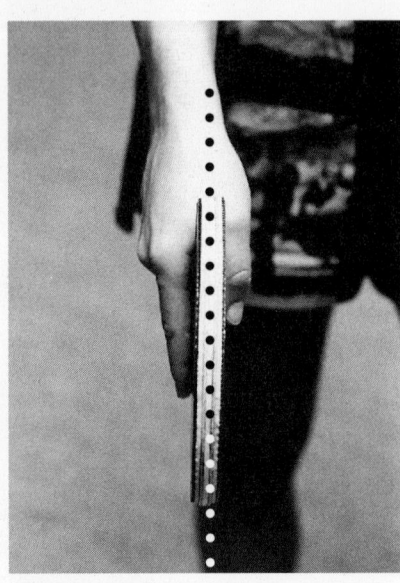

Neutral-Griff

Genau in Verlängerung der Hautfalte, die sich bildet, wenn Daumen und Zeigefinger der gestreckten Hand zueinander bewegt werden, soll die obere Kante des Schlägerblattes liegen. Selbst eine geringe Neigung des Schlägerblattes in Richtung Daumen oder Zeigefinger darf nicht toleriert werden, weil genau auf diese Weise die Bewegungsmöglichkeiten des Handgelenks bereits deutlich eingeschränkt werden. Der Schläger wird so weit oben am Griff gehalten, daß die Haut zwischen Daumen und Zeigefinger leichten Kontakt mit der «Schulter» des Schlägerblattes hat.

Mit dieser idealen Griffhaltung sind alle derzeit bekannten Schlagtechniken auszuführen. Du erreichst so eine größtmögliche taktische Variabilität. Im Anfängerstadium deiner Karriere als Tischtennisspieler mußt du diese Griffhaltung präzise einhalten. Bei deiner weiteren Entwicklung, in der du wahrscheinlich eigene Vorlieben für Vorhand- oder Rückhand-Schlagtechniken entwickelst, dürfen nämlich die dein Spiel unterstützenden Abweichungen von der idealen Griffhaltung nicht zu extrem werden. Wenn du bevorzugt Vorhand-Schlagtechniken einsetzt, wirst du das Schlägerblatt mehr oder weniger stark in Richtung des Daumens verkanten. Bevorzugst du das Rückhand-orientierte Spiel, neigt sich das Schlägerblatt mehr oder weniger deutlich zum Zeigefinger hin. Im ersten Fall sprechen wir vom Vorhand-Griff, im zweiten vom Rückhand-Griff.

Shakehand-Schlägerhaltung

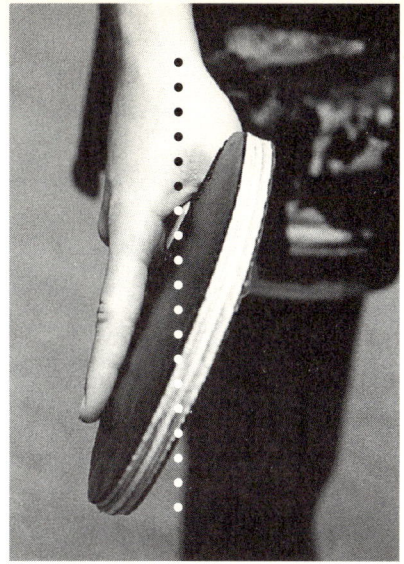

Vorhand-Griff

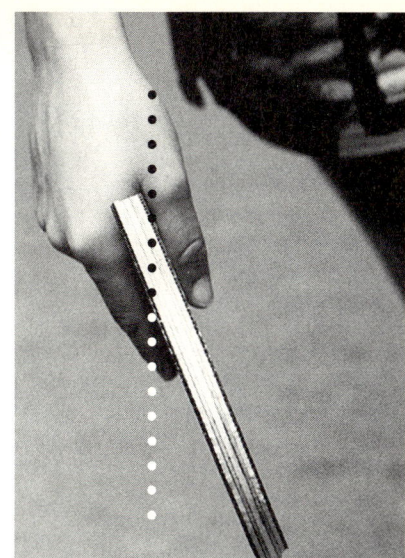

Rückhand-Griff

In der Praxis sind unendlich viele Abweichungen vom extremen Rückhand- bis zum extremen Vorhand-Griff zu beobachten, die sich durch unpräzises Erlernen der Griffhaltung und technisch-taktische Vorlieben des Spielers ausgebildet haben. Beide Griffhaltungen haben Vor- wie auch Nachteile. Bei einigen der weltbesten Tischtennisspieler hat es sich heute durchgesetzt, daß die Schlägerhaltung nicht nur beim Vorhand-Aufschlag, sondern auch während der Ballwechsel leicht zwischen Vorhand- und Rückhand-Griff variiert wird. Damit wollen diese Spieler die jeweiligen Vorteile der entsprechenden Griffhaltungsvariante für den beabsichtigten Schlag ausnutzen.

Diese Fähigkeit setzt neben einer hervorragenden Grundtechnik eine erstklassige Antizipationsfähigkeit voraus: Denn wenn die falsche Griffhaltungsvariante gewählt wurde, weil der Ball unerwartet auf die andere Schlägerseite gespielt wird, hat der Spieler größte Schwierigkeiten, noch einen effektiven Schlag auszuführen. Es ist jedoch offensichtlich, daß durch diese technische Variationsmöglichkeit die Qualität des Tischtennisspiels in Zukunft noch erheblich gesteigert werden kann.

Wir empfehlen in diesem Zusammenhang einen geraden Schlägergriff, da er das Umgreifen zu den Vorhand- und Rückhand-Griffvariationen erleichtert.

Im Bereich der Aufschlagtechniken haben sich spezifische Schlägerhaltungen entwickelt, die wir im Kapitel «Aufschläge» beschreiben.

Schlagtechnik	Vorteilhafte Griffhaltung
VH-Topspin	VH-Griff
RH-Topspin	RH-Griff
VH-Schuß	RH-Griff
RH-Schuß	VH-Griff
VH-Flip	VH-Griff
RH-Flip	RH-Griff
schnelle Wechsel von RH zu VH	VH-Griff
schnelle Wechsel von VH zu RH	RH-Griff
parallele Schläge von VH-Ecke	VH-Griff
parallele Schläge von RH-Ecke	RH-Griff
diagonale RH-Schläge	VH-Griff
diagonale Schläge von VH-Ecke	RH-Griff
VH-Schläge von Tischmitte	VH-Griff
RH-Schläge von Tischmitte	RH-Griff
VH-Sidespin nach rechts	VH-Griff
VH-Sidespin nach links	RH-Griff
RH-Unterschnitt-Abwehr	VH-Griff
VH-Unterschnitt-Abwehr	RH-Griff

Vorhand- und Rückhand-Spiel

Bedingt durch die weitere Reichweite mit der Vorhand, deckst du mit der Vorhand etwa zwei Drittel des Tisches ab (siehe Abb. S. 12). Natürlich gibt es Spielsituationen, in denen du von der «Normalsituation» abweichst. Angreifer umlaufen nicht selten ihre Rückhandseite, um ihre harte Vorhand einzusetzen. Bei bestimmten Seitenschnitt-Aufschlägen in Tischmitte oder Vorhand ist es sinnvoll, mit der Rückhand anzunehmen, da du dann einen besseren Schlägerwinkel hast, um entsprechend die Seitenschnittvariante beantworten zu können. Oder du wirst in der weiten Vorhand angespielt, und der nachfolgende Ball kommt in Tischmitte. Auch dann wirst du die Rückhand einsetzen.
Ein ganz besonderer Plazierungspunkt im Tischtennis ist der «Ellbogen». Er wird auch schon mal als «Bauch» bezeichnet. Das ist der Punkt, an dem es dir sehr schwer fällt, dich für den Einsatz von Rückhand oder Vorhand zu entscheiden. Wirst du auf dem Ellbogen angespielt, mußt du in jedem Falle einen Ausweichschritt machen, denn sowohl für die Rückhand als auch für die Vorhand ist deine Stellung ungünstig. Da diese Entscheidung in einem Bruchteil einer Sekunde zu treffen ist, zeigt die bewußte Plazierung auf den Ellbogen

auch in aller Regel große Wirkung. Deswegen ist sie im Training auch immer wieder zu trainieren. Neben der Fähigkeit, diese Stelle zu treffen, gehört auch das Auge dazu, zu erkennen, wann es günstig ist, den Gegner auf dem Ellbogen zu «erwischen».

Vorhand- und Rückhand-Spiel: Die Pfeile deuten das Anspiel auf den Ellbogen an.

Alle Plazierungen, die über die Tischdiagonale seitlich hinaus gehen, bezeichnen wir entweder als weite Rückhand oder als weite Vorhand. Durch das Anspiel dieser äußeren Zonen öffnest du die andere Seite, und nachfolgende Passierschläge können zum Erfolg führen.

TOPSPIN

Im modernen Tischtennisspiel hat sich der Topspin mit seinen Varianten neben dem Aufschlag zur wichtigsten Schlagtechnik entwickelt. Mit der Erfindung griffiger Noppen-innen-Beläge in den frühen 60er Jahren wurde Tischtennis revolutioniert. Im Gegensatz zu den bis dahin verwendeten Noppen-außen-Belägen ermöglichte die größere Kontaktfläche mit dem Schläger, dem Ball mehr Rotation zu verleihen. Bis zu diesem Zeitpunkt war das Spiel sicherheitsbetont, und nur risikolose hohe Bälle wurden mit einem Schmetterball «getötet». Stundenlange Spiele, die letztlich zur Einführung des Zeitspiels zwangen, waren an der Tagesordnung. Mit den neuen Belägen entwickelten die japanischen Spieler den Topspin, der den unterschnittenen Schupf- und Abwehrschlägen der Gegner eine stark bogenförmige Flugbahn des Balles mit gleichzeitiger Vorwärtsrotation entgegensetzte. Es dauerte lange, bis die Spieler ihre Techniken so weit entwickelt hatten, daß der ankommende Topspin nicht mehr unkontrolliert hoch vom eigenen Schläger wegsprang. Zunächst wurde der Topspin zur Angriffseröffnung aus dem Schupfspiel und zum «Knacken» der gegnerischen Schnittabwehr eingesetzt. Parallel zur Entwicklung immer griffigerer und elastischerer Beläge wurde er zur dominierenden Schlagtechnik der Angriffsspieler gegen alle Rotationsarten. Durch die Vorwärtsrotation, die der Ball beim Topspin erhält, wird seine Flugkurve stärker bogenförmig und kürzer als die eines Schmetterballes ohne Rotation. Dies ist von Vorteil, weil das Hindernis «Netz» sicherer überwunden und der oft zu kurze Tisch häufiger getroffen wird.

Der Topspin und seine unendlichen Variationsmöglichkeiten sind heute in den verschiedensten taktischen Situationen universell anwendbar, zum Beispiel:

- ▶ in der Angriffseröffnung gegen Schupfbälle,
- ▶ als ein den Endschlag vorbereitender Schlag gegen Schnittabwehr und Block,
- ▶ als Gegenangriff gegen Topspin,
- ▶ als punktbringender Endschlag.

Die Grundform der Schlagtechnik ist recht einfach auszuführen, weil sie eine geradlinige Bewegung ist und Timingprobleme zumindest gegen langsam zugespielte Schupfbälle nur gering sind. Allein der Name «Topspin» deutet schon auf die entscheidenden Schlagprinzipien dieser Technik hin:
- ▶ «Top» – der Ball wird oben, in der Nähe seines Nordpols, getroffen;
- ▶ «Spin» – der Ball erhält Rotation, die beim Treffen des Balles zwischen Äquator und Nordpol nur Vorwärtsrotation sein kann.

Hauptaktion der Schlagtechnik sind das tangentiale, streifende Treffen des Balles bei einer gleichzeitigen Aufwärts- und Vorwärtsbewegung des Schlägers. Schlagunterstützend wirken:
- ▶ Gewichtsverlagerung des Körpers von hinten nach vorn,
- ▶ Aufwärtsbewegung des Körpers,
- ▶ Rumpfverwringung,
- ▶ Unterarm- und Handgelenkeinsatz,
- ▶ Treffpunkt des Balles in Beziehung zum Körper.

Wichtige Voraussetzung für Topspinschläge mit starker Vorwärtsrotation sind griffige und elastische Noppen-innen-Beläge mit einer dicken (ab 1,8 mm) Schwammunterlage.
Die stärkste Vorwärtsrotation erreicht man beim Topspin gegen unterschnittene Bälle, weil hier nicht die Rotationsrichtung des Balles geändert werden muß, sondern nur dessen Flugrichtung. Da ein unterschnittener Ball jedoch die Tendenz hat, nach dem Auftreffen auf dem gegnerischen Schläger nach unten zu ziehen, muß die Schlagrichtung beim Topspin steil nach oben gehen, das heißt, das Schlägerblatt ist senkrecht bis leicht geschlossen. Zieht man den Topspin gegen einen Ball mit Oberschnitt, geht die Schlagrichtung bei stark geschlossenem Schlägerblatt flach nach vorn, weil der ankommende Oberschnitt-Ball die Tendenz hat, vom Schläger nach oben zu ziehen, und er bei zu wenig geschlossenem Schlägerblatt weit hinter den Tisch flöge. Schlägerblattwinkel und Richtung der Schlagbewegung sind somit immer abhängig von der Rotation des ankommenden Balles.
Die Länge der Schlagbewegung beim Topspin hängt von deiner Position hinter dem Tisch und der Geschwindigkeit des ankommenden Balles ab: Die Schlagbewegung ist kurz, wenn du nah am Tisch stehst und schnelle Bälle beantwortest. Je langsamer der ankommende Ball und je größer deine Distanz zum Tisch sind, desto länger muß deine Schlagbewegung werden.
Maximale Rotation und Geschwindigkeit erhält der Ball dann, wenn du ihn in dem Moment triffst, in dem der Schläger die größte Geschwindigkeit innerhalb der Schlagbewegung hat.

36 Topspin

Vorhand-Topspin auf Unterschnitt

Ausholphase:
- Seitliche Stellung!
- Schläger zur Seite nach hinten-unten (Kniehöhe)!
- Schlagarm fast/ganz strecken!

Schlag-/ Treffphase:
- Schläger steil nach oben!
- Oberkörperverwringung auflösen – Körpergewicht auf vorderen Fuß verlagern!
- Extreme Beschleunigung des Unterarms zum Balltreffpunkt hin!

Ausschwungphase:
- Schläger zum/über Kopf!

Vorhand-Topspin auf Unterschnitt 37

- Oberkörper nach rechts-unten verwringen!
- Körpergewicht auf hinterem Fuß!

- «Reiße» den Ball explosiv nach oben:
- je mehr Unterschnitt im ankommenden Ball, um so schneller!
- Triff den Ball in der fallenden Phase zwischen Netz- und Tischhöhe!
- Schlägerblatt leicht geschlossen!

- Körperbewegung auf vorderem Fuß abfangen!

Rückhand-Topspin auf Unterschnitt

Ausholphase:
- Frontale bis leicht geöffnete RH-Stellung!
- Schläger nach hinten-unten zwischen die Beine!
- Schlagarm fast gestreckt!

Schlag-/Treffphase:
- Schläger steil nach oben!
- Extreme Beschleunigung des Unterarms zum Balltreffpunkt hin!
- Handgelenk im Balltreffpunkt aus der Beuge (Schlägerspitze unten) explosiv nach außen ziehen (Schlägerspitze vorn außen)!

Ausschwungphase:
- Schläger über Schlagarmschulter nach außen!

Rückhand-Topspin auf Unterschnitt 39

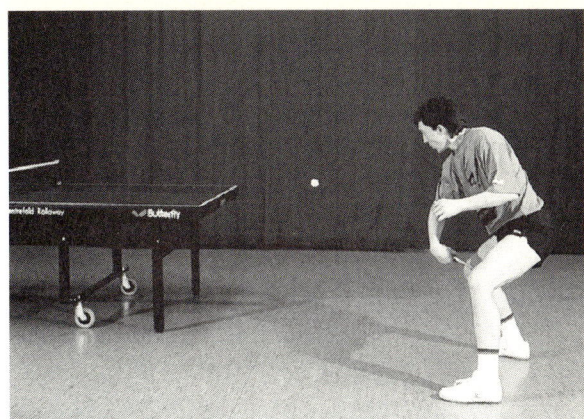

– Schlagarmschulter nach vorn, dadurch leichte Oberkörperverwringung!
– Körpergewicht auf beiden Füßen!

– Triff den Ball tangential, «reiße» ihn explosiv nach oben!
– Schlägerblatt leicht geschlossen!

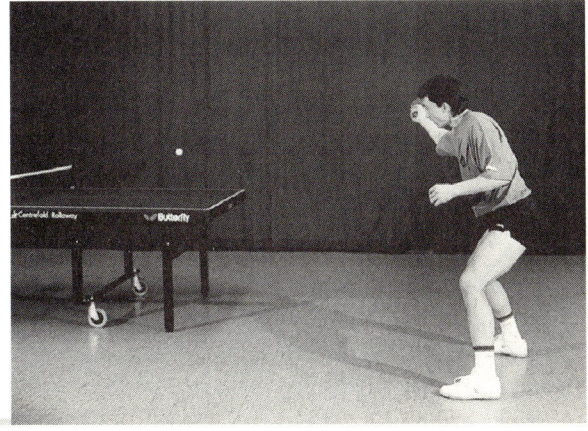

– Körperbewegung eventuell auf dem vorderen Fuß abfangen!

Vorhand-Topspin auf Oberschnitt

Ausholphase:
- Seitliche Stellung!
- Schläger zur Seite nach hinten und leicht unten (Hüfthöhe)!

Schlag-/ Treffphase:
- Schläger in schiefer Ebene nach vorn-oben!
- Oberkörperverwringung auflösen – Körpergewicht auf vorderen Fuß verlagern!
- Extreme Beschleunigung des Unterarms zum Balltreffpunkt hin!

Ausschwungphase:
- Schläger vor den Kopf!

Vorhand-Topspin auf Oberschnitt

- Schlagarm fast/ganz strecken!
- Oberkörper nach rechts verwringen!
- Körpergewicht auf hinterem Fuß!

- «Reiße» den Ball explosiv nach vorn und etwas nach oben – je mehr Oberschnitt im ankommenden Ball, um so flacher nach vorn!
- Triff den Ball in der aufsteigenden Phase zwischen Netzhöhe und höchstem Punkt!
- Schlägerblatt geschlossen!

- Körperbewegung auf vorderem Fuß abfangen!

Rückhand-Topspin auf Oberschnitt

Ausholphase:
- Frontale bis leicht geöffnete RH-Stellung!
- Schläger nach hinten-unten zwischen die Beine!
- Schlagarm fast gestreckt!

Schlag-/ Treffphase:
- Schläger schräg nach vorn-oben!
- Extreme Beschleunigung des Unterarms zum Balltreffpunkt hin!
- Handgelenk im Balltreffpunkt aus der Beuge (Schlägerspitze unten)

Ausschwungphase:
- Schläger über Schlagarmschulter nach außen!

Rückhand-Topspin auf Oberschnitt

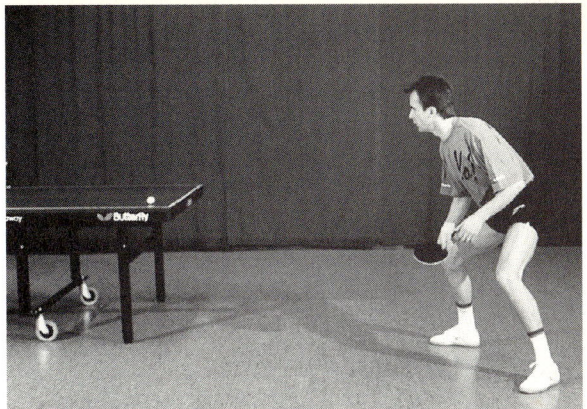

- Schlagarmschulter nach vorn, dadurch leichte Oberkörperverwringung!
- Körpergewicht auf beiden Füßen!

explosiv nach außen ziehen (Schlägerspitze vorn außen)!
- Triff den Ball tangential, «reiße» ihn explosiv nach vorn-oben!
- Schlägerblatt stark geschlossen!

- Körperbewegung auf vorderem Fuß abfangen!

Varianten

Paralleler Topspin

Beim Vorhand-Topspin aus der Vorhandecke winkelst du das Handgelenk etwas nach außen ab. Eine schrägere Fußstellung als beim diagonalen Schlag empfiehlt sich nicht, weil du erstens dem Gegner dadurch zeigst, daß etwas anderes geschehen soll, und zum zweiten die Gefahr besteht, daß du den Ball nicht mehr schräg vor dem Körper triffst.

Paralleler Vorhand-Topspin gegen Oberschnitt: Handgelenk auswärts abwinkeln!

Beim Rückhand-Topspin kann der verglichen mit dem Vorhand-Topspin größere Bewegungsspielraum des Handgelenks hervorragend ausgenutzt werden. Beim parallelen Rückhand-Topspin winkelst du das Handgelenk etwas stärker zum Körper hin an.

Treffpunktvarianten

Der Ball soll grundsätzlich schräg vor dem Körper getroffen werden. Nur so ist gewährleistet, daß die Körpergewichtsverlagerung auf den Ball wirken kann und der Schlag effektiv wird. Innerhalb seiner Flugbahn kann der Ball in der aufsteigenden Phase, im höchsten Punkt und auch in der fallenden Phase geschlagen werden.

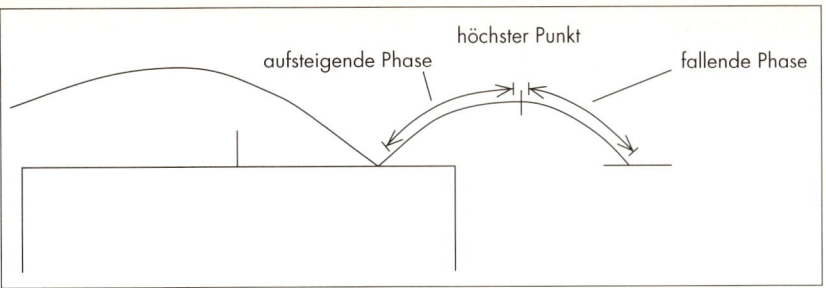

Balltreffpunkte während der Flugphase

In der ersten Lernphase solltest du den Ball in der fallenden Phase seiner Flugbahn treffen, weil dir so etwas mehr Zeit für deinen Schlag zur Verfügung steht. Darüber hinaus kannst du auf diese Weise die größte Vorwärtsrotation erzielen, weil die Flugrichtung des ankommenden Balles und der Winkel deines Schlägers annähernd parallel sind. Tiefer als Tischhöhe solltest du den Ball jedoch nicht fallen lassen, weil druckvolle Schläge dann nicht mehr möglich sind.

Triffst du den Ball in der aufsteigenden Phase der Flugbahn, hast du zwar weniger Zeit für deinen eigenen Schlag, kannst aber die Geschwindigkeit des Balles optimal für den eigenen Topspin ausnutzen.

Um variabel Tischtennis spielen zu können, ist es sinnvoll, daß du bewußt unterschiedliche Balltreffpunkte bei deinen Schlagtechniken trainierst.

Gegentopspin über dem Tisch

Im Vergleich zur Grundform des Topspins gibt es zwei wesentliche Unterschiede: Die Ausholphase muß deutlich kürzer sein, weil auf kurze Bälle der Tisch eine Ausholbewegung nach unten unmöglich machen kann und weil erheblich weniger Zeit zur Verfügung steht als bei einem Schlag, der hinter dem Tisch ausgeführt wird. Grundsätzlich triffst du den Ball in der aufsteigenden Phase seiner Flugbahn, um den Gegner in Zeitdruck zu bringen.

Die Schlagbewegung wird hauptsächlich mit Unterarm und Handgelenk durchgeführt. Sie muß nicht sehr schnell sein, weil der ankommende Ball in der aufsteigenden Phase noch eine große Geschwindigkeit besitzt, deren Richtung lediglich geändert werden muß. Da eine betonte Ausholbewegung fehlt, verlagert sich das Körpergewicht während der Schlagphase auf den linken Fuß. Der Balltreffpunkt ist schräg vor dem Körper, das Schlägerblatt stark geschlossen.

46 Topspin

Vorhand-Gegentopspin über Tisch: Kürzere Armzugbewegung!

– Körpergewicht im Balltreffpunkt schon deutlich auf dem vorderen Bein!

– Kurze Aufschwungphase nach vorn, vor den Kopf!

Varianten 47

Vorhand-Topspin aus Halbdistanz: Lange Armzugbewegung!

– Körpergewicht im Balltreffpunkt gleichmäßig auf beiden Beinen verteilt!

– Längere Ausschwungphase mit deutlicher Aufwärtstendenz!

Topspin aus der Halbdistanz

Durch die größere Distanz zum Tisch und den dadurch erheblich verlängerten Weg auf die Tischhälfte des Gegners muß dem Ball neben der Rotation eine große Geschwindigkeit gegeben werden. Dies erreichst du durch eine ausgeprägte Körpergewichtsverlagerung vom hinteren auf das vordere Bein und eine längere Armzugbewegung. Dabei müssen die Haupt- und Nebenaktionen der Schlagtechnik synchron auf den Ball wirken, um einen effektiven Schlag zu gewährleisten.

Um auch beim Rückhand-Topspin aus der Halbdistanz zu einer ausreichenden Ballgeschwindigkeit zu kommen, muß der linke Fuß nach hinten genommen werden. Dadurch kannst du weiter ausholen, die Schlagstrecke verlängern und damit die Schlaggeschwindigkeit erhöhen. Wie beim Vorhand-Topspin aus der Halbdistanz wird der Ball in der fallenden Phase der Flugbahn – ungefähr in Netzhöhe – schräg vor dem Körper getroffen. Das Schlägerblatt ist geschlossen. Hat der ankommende Ball wenig Rotation und Geschwindigkeit, muß er etwas zentraler getroffen werden. Er erhält dadurch das nötige Tempo für den weiten Weg bis hinter das Netz.

Sidespin

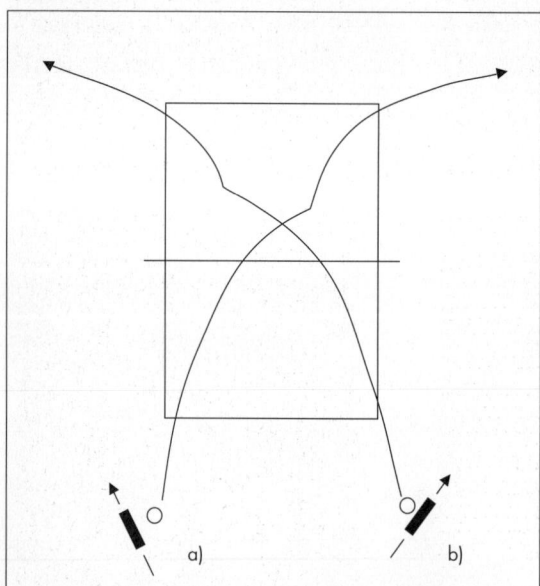

Der Sidespin ist ein tangentialer Schlag, mit welchem dem Ball eine Rotation um die Achse seiner beiden Pole gegeben wird. Von oben betrachtet hat die Flugkurve des Balles je nach seitlicher Rotation eine mehr oder weniger stark gekrümmte Bahn nach links oder rechts. Je näher der Ball an seinem Äquator getroffen wird, desto stärker ist der Seitenschnitt.

Sidespin nach rechts (a) und nach links (b)

Vorhand-Sidespin nach links: Starke Rotationsbewegung um das rechte Bein!

Die Vorwärtsrotation wird gleichzeitig geringer. In diesem Fall ist die Flugbahn des Balles nicht wie beim Topspin stark nach oben gekrümmt, so daß es unmöglich wird, Bälle mit starkem Unterschnitt mit einem reinen Sidespin zu beantworten. Da wegen der geringeren Vorwärtsrotation der mit Sidespin geschlagene Ball vom Schläger des Gegners nicht wie beim reinen Topspin so stark nach oben zieht, wird er häufiger in das Netz geblockt. In der Regel ist der Sidespin immer eine Mischform aus Vorwärts- und Seitwärtsrotation.

Grundsätzlich kann der Sidespin mit Rotation nach links und nach rechts gespielt werden. Mit der Vorhand ist es einfacher, den Sidespin nach links zu ziehen, weil der Ball hier neben dem Körper getroffen und von einer bogenförmigen Schlagbewegung «eingewickelt» wird. Diese Sidespin-Variante wird bevorzugt aus der Tischmitte und der weiten Vorhand eingesetzt.

50 Topspin

Vorhand-Sidespin nach rechts:

– Seitliches Ausweichen des Oberkörpers,

– Handgelenk vom Körper abgewinkelt, um den Ball seitlich treffen zu können!

– Schlagbewegung schräg zur Flugrichtung des Balles (vergleichbar mit der Bewegung eines Scheibenwischers)!

Varianten 51

um den Ball besser seitlich treffen zu können!

– Balltreffpunkt nicht tiefer als Netzhöhe!

Beim Vorhand-Sidespin nach rechts mußt du den rechten Fuß entsprechend weit zurücknehmen, um den Ball seitlich treffen zu können. Die Schlagbewegung des Vorhand-Sidespins nach rechts ähnelt der Bewegung des Scheibenwischers am Auto. Diese Spin-Variante wird hauptsächlich aus der Tischmitte und der Rückhandseite gespielt.

Auch mit der Rückhand kann der Sidespin in beide Richtungen gezogen werden. Wegen der besseren Bewegungsmöglichkeit des Handgelenks ist hier jedoch beim Sidespin nach rechts mehr Rotation möglich. Durch extreme Veränderungen in der Fußstellung kann beim Rückhand-Sidespin die Rotation weiter verstärkt werden: Der Sidespin nach rechts kann rechts neben dem Körper gespielt werden, wobei ein deutlicher Unterarmeinsatz verstärkend als «Pendel» wirken kann. Der Rückhand-Sidespin nach links erhält dann mehr Rotation, wenn eine deutlich seitliche Rückhand-Schlagstellung eingenommen wird.

Die Rotation der verschiedenen Arten des Sidespins wird durch Ändern der neutralen Schlägergriffhaltung verstärkt: Beim Vorhand-Sidespin nach links und beim Rückhand-Sidespin in beide Richtungen spielst du mit Rückhand-Griff, beim Vorhand-Sidespin nach rechts mit Vorhand-Griff.

Vorhand-Topspin aus der Rückhandseite

Viele Angriffsspieler versuchen häufig, auch aus ihrer Rückhandseite mit der Vorhand anzugreifen. Bei einer schnellen Beinarbeit ist dies durchaus sinnvoll, denn wegen des stärkeren Körpereinsatzes bei den Vorhand-Angriffsschlägen erhalten diese eine größere Geschwindigkeit als Rückhandschläge.

Die Bewegung des Armes und des Rumpfes ist wie beim Topspin aus der Vorhandseite, nur die Fußstellung ändert sich. Ausgehend von der Grundstellung wird der linke Fuß noch ein wenig nach außen gestellt, und der rechte Fuß wird gleichzeitig weit nach hinten gedreht. Der Körper wird um das linke Bein gedreht, so daß du ungefähr im rechten Winkel zur Grundlinie stehst. Dieses «Aufdrehen» des Körpers – so wie man eine Tür öffnet – bewirkt, daß du dich nicht zu weit seitlich vom Tisch entfernen mußt und damit die Vorhandseite gefährlich weit öffnest. Aus dieser Position kann deine Körpergewichtsverlagerung nach vorn voll auf den Ball wirken.

Topspin-Flip

Der Topspin-Flip (s. Bildreihen im Kapitel «Flip») gehört ebenfalls zu den tangentialen Schlägen mit Vorwärtsrotation. Er wird gegen sehr kurz hinter das Netz plazierte Bälle eingesetzt. Um diese kurzen Bälle überhaupt erreichen zu

können, mußt du den Schlagarm nach vorn strecken. Dadurch wird ein kräftiger Handgelenkeinsatz zum entscheidenden Faktor für das Gelingen des Schlages. Da im Vergleich zur Grundform des Topspins auf diese Weise nicht annähernd so viel Vorwärtsrotation gegeben werden kann, ist die Flugbahn des Balles nicht sehr bogenförmig. Daher mußt du den Ball auf dem höchsten Punkt seiner Flugbahn treffen.
Damit die Bewegungsmöglichkeiten des Handgelenks voll ausgenutzt werden, empfehlen wir, den Vorhand-Topspin-Flip mit Vorhand-Griff und den Rückhand-Topspin-Flip mit Rückhand-Griff zu spielen.

Topspin-Block

Technisch betrachtet gehört der Topspin-Block zur Familie der tangentialen Schläge mit Vorwärtsrotation. In taktischer Sicht dient er der Beantwortung gegnerischer Topspins. Der Ball wird unmittelbar nach dem Aufsprung auf dem Tisch getroffen, der Schläger bei geschlossenem Schlägerblatt nur wenig nach vorn-oben geführt. Wegen des großen Zeitdrucks muß die gesamte Schlagbewegung so kurz wie möglich sein.
Durch die Vorwärtsrotation, die der Ball beim Topspin-Block erhält, springt er auf der Tischhälfte des Gegners schneller ab als ein normaler Block. Dem Gegner bleibt für seinen nächsten Schlag weniger Zeit, und er kann nicht mit der gleichen Härte weiter angreifen. Aus diesem Grunde eignet sich der Topspin-Block sehr gut dafür, aus der defensiven Situation beim Blocken in eine offensive Situation umzuschalten.

Endschlag-Topspin

Wie der Begriff es ausdrückt, soll der Endschlag-Topspin unmittelbar zum Punktgewinn führen. Er wird mit maximaler Kraft ausgeführt, wobei du darauf achten mußt, daß alle schlagunterstützenden Bewegungsmerkmale synchron im Balltreffpunkt auf den Ball wirken. Um dem Ball größtmögliche Geschwindigkeit zu geben, kannst du ihn beim Endschlag-Topspin etwas zentraler treffen als bei der Grundform des Topspins. Daher solltest du den Ball keinesfalls tiefer als in Netzhöhe treffen. Wegen der besseren Möglichkeit des Körpereinsatzes sollte dieser Schlag vornehmlich mit der Vorhand gespielt werden; willst du ihn mit der Rückhand schlagen, mußt du eine deutlich seitliche Rückhand-Schlagstellung einnehmen.
Wegen des maximalen Kraft- und Körpereinsatzes beim Endschlag-Topspin wird das Körpergewicht nach dem Schlag zunächst vom vorderen Bein abgefangen und dann das hintere Bein nach vorn gezogen. Diese Position ist äußerst

54 Topspin

Vorhand-Endschlag-Topspin: Kompakter Körpereinsatz!

ungünstig für den nächsten Schlag; der Ball darf also nicht zurückkommen. Plaziere nicht auf den Schläger deines Gegners!

Trainingsprogramm

Als motorisch einfache Schlagtechnik, die darüber hinaus im modernen Tischtennis sehr häufig eingesetzt wird, kann das Erlernen des Vorhand-Topspins an den Anfang der Ausbildung gesetzt werden. Wie bei allen anderen Schlagtechniken werden die größten Lernfortschritte erzielt, wenn ein guter Trainingspartner zur Verfügung steht, der dem Lernenden die Bälle in Plazierung und Geschwindigkeit so präzise zuspielt, daß dieser sich voll und ganz auf seinen eigenen Schlag konzentrieren kann.
Ob du bereits genügend Gefühl für das tangentiale Treffen des Balles entwickelt hast, kannst du mit

**Rückhand-Endschlag-Topspin:
Voller Armschwung!**

einem einfachen Test überprüfen: Laß aus einer Entfernung von ungefähr zwei Metern den TT-Ball zu Boden fallen, und schlage ihn mit einer Vorhand-Topspin-Bewegung gegen die Hallenwand. Ohne daß du den Ball jetzt noch einmal berührst, soll er nach dem Aufspringen auf dem Boden wieder zur Wand zurückrollen. Gelingt dir das, so steht deinem Topspin-Training am Tisch nichts mehr im Wege.

Stufe 1:
Zuerst soll der Vorhand-Topspin gegen Schupfbälle trainiert werden, weil diese langsamer auf dich zukommen und du mehr Zeit hast, deinen Schlag vorzubereiten. Mit gutem Balleimer-Training wirst du die schnellsten Fortschritte machen. Plaziere den Ball von Beginn an bewußt auf alle Stellen des Tisches.

Stufe 2:
Wenn du in der Lage bist, die aus dem Balleimer zugespielten Bälle sicher über das Netz zu ziehen, solltest du lernen, den Ball aus der Bewegung zu schlagen. Der Trainer spielt dir die Bälle nicht nur auf eine Stelle, sondern zum Beispiel über die gesamte Vorhandhälfte zu. Du mußt dich zu jedem Ball in eine optimale Schlagstellung begeben. Damit du gleichzeitig deine Wahrnehmungs- und Reaktionsfähigkeit und dein Antizipationsvermögen trainierst, sollte dir der Trainer gelegentlich einen Ball unerwartet auf deine Rückhandseite spielen. Versuche, diesen Ball irgendwie auf den Tisch zu spielen; die Technik ist vollkommen gleichgültig. Es geht allein darum, daß du schnell reagierst, so wie es auf höherem Leistungsniveau im Tischtennis immer von dir verlangt werden wird. Wenn diese unregelmäßig in die Rückhand zugespielten Bälle anfangs auch nur selten sein sollen (zum Beispiel einer pro Minute), schulen sie das aufmerksame Beobachten des Balles erheblich.

Stufe 3:
Jetzt geht es darum, Bälle mit unterschiedlicher Rotation zu ziehen. Der Trainer spielt dir die Bälle mit unterschiedlich starkem Unterschnitt ein, so daß du gezwungen wirst, den ankommenden Ball stets genau zu beobachten und deinen Schlägerwinkel diesem immer genau anzupassen. Merke: Je stärker der Unterschnitt, desto mehr muß das Schlägerblatt geöffnet werden.
Danach solltest du unter- und überschnittene Bälle anziehen. Dein Trainer spielt dir abwechselnd einen Schupf- und einen Blockball zu. So können schon einfache Spielzüge trainiert werden.
Versuche in diesen Übungen auch, den Ball auf unterschiedlichen Punkten seiner Flugkurve zu treffen: In der aufsteigenden Phase, auf dem höchsten Punkt, in der fallenden Phase in Netzhöhe und in Tischhöhe. So verbesserst du dein Raumgefühl und das Timing für den Schlag.

Stufe 4:
Jetzt werden Vorhand- und Rückhand-Schläge kombiniert. Schnelle Wechsel von Vorhand zu Rückhand und umgekehrt sind im heutigen Tischtennis sehr wichtig. Deshalb darf man keinesfalls zu lange nur mit einer Schlägerseite spielen. Wenn du in der Lage bist, den Vorhand-Topspin gegen passive Blockbälle im Durchschnitt drei- bis viermal sicher auf den Tisch zu ziehen, mußt du diese Schlagtechnik mit Rückhand-Schlägen verbinden. Sinnvolle Ergänzungen zum Vorhand-Topspin sind der Rückhand-Topspin und der Rückhand-Konter, deren Grundformen du auf dieselbe Art und Weise wie den Vorhand-Topspin erlernt haben mußt. Diese Trainingsformen lassen sich mit Balleimer-Training, aber auch mit Partnerübungen praktizieren.

Beginne mit regelmäßigen Übungen, zum Beispiel:
Spieler A: Kurzer Aufschlag mit Unterschnitt in Rückhand.
Spieler B: Rückhand-Schupf in Vorhand.
Spieler A: Vorhand-Topspin in Vorhand.
Spieler B: Vorhand-Block in Vorhand.
Spieler A: Vorhand-Topspin in Rückhand.
Spieler B: Rückhand-Block in Rückhand.
Spieler A: Rückhand-Topspin in Rückhand.
Spieler B: Rückhand-Block in Vorhand.
Spieler A: Vorhand-Topspin frei auf den Tisch, nicht auf den Schläger des
 Gegners spielen!

Auch in diesen regelmäßigen Übungen, in denen alle Ballwege vorgegeben sind, sollte dann und wann ein unregelmäßiger Schlag eingestreut werden. Diese Möglichkeit haben grundsätzlich beide Spieler. Das unregelmäßige Element kann auch schon der Aufschlag sein. Nur auf diese Weise verbesserst du deine wahrnehmenden Fähigkeiten und trainierst mit der nötigen hohen Aufmerksamkeit. Wenn ein unregelmäßiger Schlag gespielt wurde, wird immer frei weitergespielt, was bedeutet, daß beide Spieler auf irgendeine Weise versuchen, den Punkt zu gewinnen. So lernst du, kreativ und flexibel zu spielen und deine Schläge taktisch sinnvoll einzusetzen.

Stufe 5:
Eine weitere Steigerung des Schwierigkeitsgrades deines Trainings sind Übungen, bei welchen du nur teilweise weißt, auf welche Stelle des Tisches dir die Bälle zugespielt werden. Diese Übungen nennen wir «halb-regelmäßige Übungen». Mit Hilfe dieser Übungen sollst du deine Schlagtechnik weiter verbessern, wobei jetzt deine Konzentrations- und deine Wahrnehmungsfähigkeit noch stärker gefordert werden. Durch ständiges genaues Beobachten des Schlägers deines Trainingspartners und des Balles steigerst du deine Antizipationsfähigkeit und verkürzt deine Reaktionszeit. Diese Fähigkeiten sind im modernen Tischtennis mindestens ebenso wichtig wie eine gute Schlagtechnik und cleveres taktisches Handeln.
Ein Beispiel für eine halb-regelmäßige Übung, in der du gleichzeitig lernst, auch die Tischmitte in deine Ballplazierungen einzubeziehen:
Spieler B: Vorhand-Block jeweils ein- oder zweimal auf die Ecken des Tisches.
Spieler A: Von der Vorhandseite Vorhand-Topspin, von der Rückhandseite
 Rückhand-Topspin oder -Konter auf die Tischmitte.
Spieler B: Spielt irgendwann den Ball dreimal auf dieselbe Stelle, dann ist freies Spiel.

Stufe 6:
In dieser, vorläufig letzten, Schwierigkeitsstufe gilt es, den Vorhand-Topspin dann zu spielen, wenn der Ball unerwartet auf deine Vorhand gespielt wird. Für einen erfolgreichen Schlag ist es absolut notwendig, genau Ball und Gegner zu beobachten, damit du so schnell wie möglich auf die unerwartete Situation reagieren kannst und somit etwas mehr Zeit für deinen beabsichtigten Schlag – hier den Vorhand-Topspin – gewinnst. Diese grundsätzlich unregelmäßigen Übungen sind sehr wettkampfnah und nur dann effektiv zu spielen, wenn deine Konzentration auf dem höchsten Niveau ist. Sie müssen deshalb zu Beginn oder in der Mitte der Trainingseinheit gespielt werden, wenn noch keine geistige oder körperliche Ermüdung eingetreten ist.

Eine Beispielübung:
Spieler B: Blockt mit Vorhand und Rückhand in die Rückhandecke.
Spieler A: Zieht Rückhand-Topspin abwechselnd in Rückhand und Tischmitte.
Spieler B: Blockt irgendwann in Vorhandecke.
Spieler A: Zieht Vorhand-Topspin über den ganzen Tisch, dann ist freies Spiel.

KONTER

Parallel zur Entwicklung des Topspins als dominierende Schlagtechnik im modernen Tischtennis hat der Konter an Bedeutung verloren. Wie das Wort ausdrückt, kontert der Spieler mit dieser Schlagtechnik Angriffsschläge des Gegners, um selbst in eine offensive Spielsituation zu kommen. Der Konter ist ein zentraler Schlag, bei dem der Ball nur wenig oberhalb seines Äquators getroffen wird und der größte Teil der Schlagenergie durch das Ballzentrum geht. Die entstehende Vorwärtsrotation des Balles ist gering, dafür erhält der Ball eine große Geschwindigkeit. Bedingt durch dieses Rotationsverhalten ist die Flugkurve des Balles bei weitem nicht so gekrümmt wie beim Topspin und erheblich länger. Beim Konter besteht die Gefahr, daß der Ball entweder am Netz hängenbleibt oder über den Tisch hinausfliegt. Es ist deshalb wichtig, den Ball möglichst dann zu schlagen, wenn er sich über Netzhöhe befindet. Da aus taktischer Sicht das Spiel mit Konterschlägen schnell gemacht werden soll, muß der Ball möglichst in der aufsteigenden Phase der Flugbahn getroffen werden.
Im modernen Tischtennis ist der Vorhand-Konter nur noch selten zu beobachten, weil der Topspin motorisch nicht schwieriger zu spielen ist, durch die spezielle Flugkurve des Balles aber eine größere Sicherheitsreserve bietet. Dennoch sollte auch der Vorhand-Konter von jedem Spieler erlernt werden. Er stellt eine wichtige Voraussetzung für das Erlernen des Vorhand-Schmetters dar. Den Rückhand-Konter trifft man häufiger an, da er besonders bei hohem Spieltempo gegen Bälle mit Überschnitt einfacher zu spielen ist als der Rückhand-Topspin.
In der Konter-Situation sind die Ballwechsel sehr schnell. Daher ist es von entscheidender Bedeutung, daß die gesamte Schlagbewegung des Konterns so kurz wie möglich ist. Die Bewegung wird hauptsächlich aus dem Unterarm und dem Handgelenk gespielt. Da auch die Position des Spielers nah am Tisch ist und die Geschwindigkeit des ankommenden Balles für den eigenen Schlag gut genutzt werden kann, ist nur ein geringer Körpereinsatz nötig. Die Fußstellung ist die der Grundstellung. Auch der Rückhand-Konter kann aus einer leichten Vorhand-Schlagstellung gespielt werden.

Vorhand-Konter

Ausholphase:
- Leicht seitliche VH-Stellung!
- Schläger zur Seite (Hüfthöhe)!
- Schlagarm leicht gebeugt!

Schlag-/ Treffphase:
- Schläger leicht nach vorn-oben (Schulterhöhe)! Oberkörper dreht mit!
- Handgelenk im Balltreffpunkt gerade!

Ausschwungphase:
- Schläger in Richtung linke Schulter!

Vorhand-Konter

- Körperverwringung nach rechts!
- Körpergewicht auf hinterem Fuß!

- Triff den Ball so «voll» wie möglich in der steigenden Phase bis zum höchsten Punkt!
- Schlägerblatt leicht geschlossen!

- Körperbewegung auf vorderem Fuß abfangen!

Rückhand-Konter

Ausholphase:
– Frontale Schlagstellung!
– Schläger zur linken Hüfte!

Schlag-/Treffphase:
– Schläger leicht nach vorn-oben strecken!
– Handgelenk im Balltreffpunkt nach vorn durchstrecken (Peitscheneffekt)!

Ausschwungphase:
– Schlagarm nach vorn bis in Höhe der Schlagarmschulter ausstrecken!
– Drehbewegung des Unterarms um den Ellbogen nach vorn!

Rückhand-Konter 63

- Schlagarm gebeugt!
- Körpergewicht auf beiden Füßen!

- Triff den Ball möglichst «voll» in der steigenden Phase bis zum höchsten Punkt!
- Schlägerblatt leicht geschlossen!

- Körperbewegung auf rechtem Fuß abfangen!

Varianten

Paralleler Konter

Der parallele Vorhand-Konter unterscheidet sich in seiner technischen Ausführung nur wenig vom diagonalen Schlag: Es wird lediglich das Handgelenk etwas zur Seite abgewinkelt. Für den Spieler mit Rückhand-Griff ist dieser Schlag einfacher zu spielen, wenn er den Schläger in einen leichten Vorhand-Griff gleiten läßt.
Beim parallelen Rückhand-Konter ist die Streckbewegung des Ellbogens weniger stark ausgeprägt, der Ausschwung ist kürzer als beim diagonalen Schlag. Ein leichter Rückhand-Griff unterstützt diese Plazierungsvariante.

Paralleler Rückhand-Konter: Handgelenk zum Körper angewinkelt!

Konter gegen Topspin

Topspins, die nicht zu schnell sind und gleichzeitig kurz hinter dem Netz aufspringen, können mit einem Konterschlag sehr gut für einen Gegenangriff genutzt werden. Da der Topspin die Tendenz hat, vom eigenen Schläger nach oben zu ziehen, muß beim Vorhand-Konter der Schläger stärker geschlossen und die Ausholphase etwas höher begonnen werden. Die Ausholphase muß dabei so kurz wie möglich sein, weil der mit Topspin geschlagene Ball nach dem Aufsprung sehr schnell auf dich zukommt. Die gesamte Schlagbewegung ist noch kürzer als bei der Grundform des Vorhand-Konter.

Auch beim Rückhand-Konter gegen Topspin muß die Schlagbewegung deutlich verkürzt werden. Der Schlagansatz ist höher als bei der Grundform des Rückhand-Konters. Der Schlag wird fast ausschließlich aus dem Handgelenk gespielt, die Streckung des Ellbogens ist minimal.

Trainingsprogramm

Mit Konterschlägen wird das Tischtennisspiel schnell gemacht. Die Schläge werden nah am Tisch gespielt; auch Spieler, die nicht höchsten Leistungsklassen angehören, können so die Rasanz und das Tempo des Spieles erfahren. Mit dem Erlernen der schnellen Konterschläge werden gleichzeitig die Wahrnehmungsfähigkeit und die Reaktion verbessert. Das Tischtennisspiel sollte immer dann mit Konterschlägen begonnen werden, wenn dem Anfänger nicht regelmäßig ein guter Trainingspartner zur Verfügung steht, der die Bälle in der richtigen Plazierung und in adäquatem Tempo zuspielt. Da der Konter problemlos mit Konterschlägen beantwortet werden kann, braucht der Anfänger nicht in kurzer Zeit zwei verschiedene Schlagarten zu erlernen. Mit Vorhand- und Rückhand-Kontern läßt sich der ganze Tisch abdecken, und es sind schon frühzeitig kleine Wettkämpfe mit diesen Techniken möglich. Gleichzeitig mit dem Erlernen des Konterns werden Konter-Aufschläge mit Vorhand und Rückhand in das Schlagrepertoire aufgenommen. Wie bei allen Techniken muß auch hier darauf geachtet werden, daß möglichst schnell das Spielen mit beiden Schlägerseiten gelernt wird.

Da im schnellen Konterspiel die Antizipationsfähigkeit von größter Bedeutung ist, werden von Beginn an unregelmäßige Schläge mit in das Training einbezogen. Du brauchst nicht zu befürchten, daß deine Schlagtechnik schlechter wird, wenn dir vielleicht zwei- oder dreimal pro Minute unerwartet in die andere Schlägerseite gespielt wird. Wenn du es lernst, auf diese Bälle ruhig, aber schnell zu reagieren, so hast du für deine weitere Entwicklung riesige Vorteile erarbeitet. Nachfolgend werden einige Beispielübungen zum Erlernen und Trainieren des Konterns in verschiedenen Schwierigkeitsstufen beschrieben.

Stufe 1:
Beide Spieler kontern diagonal mit der Vorhand. Einer der beiden spielt nach vier Schlägen irgendwann einmal den Ball in die Rückhand. Dies kann der

fünfte Ball genauso sein wie vielleicht der zwanzigste. Wie immer ist nach dem unregelmäßigen Schlag freies Spiel. Nach jeweils fünf gespielten Ballwechseln spielt der andere Spieler den unregelmäßigen Schlag.

Das Spieltempo darf zu Beginn nicht zu hoch sein, und wenn es noch sehr große Probleme mit der technischen Ausführung des Konterns gibt, sollten die unregelmäßigen Schläge eher selten sein.

Stufe 2:
Jetzt werden die Schläge aus der Bewegung zum Ball gespielt.
Spieler A: Vorhand-Konter abwechselnd in die Vorhandecke und Tischmitte.
Spieler B: Kontert immer mit der Vorhand in die Vorhandecke.
Spieler A: Spielt irgendwann den Ball zweimal nacheinander auf die Tischmitte, dann ist freies Spiel.

Bei dieser Übung lernst du gleichzeitig eine tischtennisspezifische Form der Beinarbeit, die «Side-Steps». Achte darauf, daß deine Füße immer annähernd den gleichen Abstand voneinander behalten. Gleite leise und geschmeidig über den Boden. Wird dir der Ball einmal unerwartet weit in die Vorhand gespielt, bewege zuerst deine Füße, und strecke erst dann den Schläger zum Ball. Nur so kommst du nah genug an den Ball heran, ohne das Gleichgewicht zu verlieren.

Stufe 3:
Nachdem du das Rückhand-Kontern in der Grundform auf die gleiche Weise gelernt hast wie das Vorhand-Kontern, kannst du jetzt diese beiden Schlagtechniken kombinieren:
Spieler A: Kontert mit Vorhand und Rückhand abwechselnd, immer diagonal auf die Ecken des Tisches.
Spieler B: Kontert mit Vorhand und Rückhand abwechselnd, immer parallel auf die Ecken.
Spieler A: Spielt irgendwann einmal parallel, dann ist freies Spiel.

Eine zweite Übung, bei der die Beinarbeit mittrainiert wird:
Spieler A: Kontert jeweils zweimal in die Rückhand und einmal in die Vorhand usw.
Spieler B: Kontert alle Bälle diagonal: den ersten aus seiner Rückhandseite mit der Rückhand, den zweiten mit der Vorhand; den dritten aus der Vorhandseite mit der Vorhand.

Hier wird neben den Side-Steps auch das im Kapitel «Topspin-Varianten» beschriebene «Aufdrehen» zu Vorhandschlägen aus der Rückhandecke geübt.

Spieler A: Spielt irgendwann zweimal nacheinander in die Vorhand, dann ist freies Spiel.

Auch in dieser Übung spielen beide Trainingspartner sowohl mit der Vorhand als auch mit der Rückhand. Dieses wichtige Trainingsprinzip sollte grundsätzlich immer dann verfolgt werden, wenn die trainierten Schlagtechniken bereits einigermaßen stabil ablaufen. Auf diese Weise werden die schnellen Wechsel zwischen Vorhand- und Rückhandspiel, die mindestens gleich wichtig sind wie die einzelnen Schlagtechniken, ständig trainiert.

Stufe 4:
Ein bedeutender Faktor im Tischtennis sind Rhythmus- und Tempowechsel. Diese kannst du mit unterschiedlich schnellen Konterschlägen hervorragend trainieren. Dabei kannst du auch versuchen, den Ball in verschiedenen Punkten seiner Flugkurve und in unterschiedlichen Distanzen zum Tisch zu treffen. Obwohl die Konterschläge in der Regel in der aufsteigenden Phase ausgeführt werden sollen, läßt du ab und zu den Ball bewußt etwas tiefer fallen – aber nie tiefer als Tischhöhe! –, oder du versuchst, ihn genau auf dem höchsten Punkt zu treffen. So schulst du dein Raumgefühl und das richtige Timing für den Schlag ebenso wie den jeweils optimalen Krafteinsatz für die gewünschte Schlaghärte.

Zwei Beispielübungen:

1.
Spieler A: Kontert je zweimal in Vorhand- und Rückhandecke usw.
Spieler B: Kontert Rückhand diagonal, langsam; Rückhand parallel, schnell; Vorhand diagonal, langsam; Vorhand parallel, schnell usw. Irgendwann spielt er den ersten Ball aus seiner Vorhandecke parallel und schnell, dann ist freies Spiel.

2.
Beide Spieler kontern diagonal mit der Vorhand. Spieler A entfernt sich dabei während drei bis vier Schlägen kontinuierlich bis etwa zwei Meter hinter den Tisch und kommt dann wieder zum Tisch heran, während Spieler B entsprechend die Distanz zum Tisch vergrößert. Irgendwann spielt einer der beiden parallel, dann geht es mit diagonalem Rückhand-Kontern weiter, bis einer der beiden die Rückhand parallel spielt. Dann ist freies Spiel.

Stufe 5:
Die nächste Schwierigkeitsstufe erreichen wir mit dem Einsatz halb-regelmäßiger Übungen, zum Beispiel:

Spieler A: Kontert jeweils ein- oder zweimal in Rückhandecke und Tischmitte.
Spieler B: Kontert Rückhand parallel und von der Tischmitte mit der Vorhand in die Rückhandecke.
Spieler A: Kontert irgendwann in die Vorhandecke, dann ist freies Spiel.

Stufe 6:
Jetzt werden wieder verstärkt die Wahrnehmungsfähigkeit, Reaktion und Antizipation mit unregelmäßigen Übungen wie dieser trainiert:

Spieler A: Kontert mit Rückhand – von der Tischmitte mit Vorhand – unregelmäßig über den ganzen Tisch.
Spieler B: Kontert von zwei Drittel des Tisches mit der Vorhand in die Rückhandecke, von einem Drittel mit der Rückhand auf die Tischmitte. Ab seinem fünften Schlag kontert er irgendwann mit seiner Vorhand in die Vorhandecke, dann ist freies Spiel.

SCHMETTER

Der Schmetter oder «Schuß» ist der Schlag im Tischtennis, der dem Ball die größtmögliche Geschwindigkeit geben kann. Ziel dieses Schlages ist der direkte Punktgewinn. Der Ball wird so hart und plaziert geschlagen, daß dem Gegner keine Möglichkeit der kontrollierten Rückgabe bleibt. Das Schlagprinzip des Schusses ist dasselbe wie beim Konter: Der Ball wird zentral getroffen, die gesamte Energie des Schlages geht durch den Mittelpunkt des Balles. Durch die nahe Bewegungsverwandtschaft wird der Schuß in einer frühen Lernphase des Konterns sinnvollerweise mit eingeführt. Damit dem Ball die größtmögliche Geschwindigkeit gegeben werden kann, sind einige Bewegungsmerkmale von großer Bedeutung. Zum Vorhand-Schuß wird eine deutlich seitliche Vorhand-Schlagstellung eingenommen, das heißt, der rechte Fuß wird so weit nach hinten genommen, daß der Körper fast parallel zur Flugbahn des ankommenden Balles steht. Zum Rückhand-Schuß wird eine entsprechend eindeutige Rückhand-Schlagstellung eingenommen: Der linke Fuß wird etwa eine Schrittlänge zurückgestellt. Diese Körperpositionen ermöglichen sowohl beim Vorhand- als auch beim Rückhand-Schuß eine ausgeprägte Gewichtsverlagerung von hinten nach vorn und eine möglichst lange Schlagstrecke. Die Armzuggeschwindigkeit ist so hoch wie möglich. Dadurch wird die Schlagbewegung des Armes zwangsläufig deutlich länger als beim Konter. Die Rotation des Balles soll beim Schuß so gering wie möglich sein, weil sie dessen Geschwindigkeit reduziert. Da die Flugbahn des Balles sehr geradlinig ist, muß der Ball grundsätzlich über Netzhöhe getroffen werden. Am sichersten ist der Schuß, wenn er genau im höchsten Punkt seiner Flugbahn geschlagen wird. Ausnahmen sind Schüsse gegen Ballonverteidigung: Hier wird der Ball ungefähr in Schulterhöhe geschlagen; die Schlagbewegung geht dann von hinten-oben nach vorn-unten. Dabei kann der Ball sowohl in der aufsteigenden als auch in der fallenden Phase seiner Flugbahn getroffen werden. Springt er kurz hinter dem Netz auf, ist die erstgenannte Variante empfehlenswert, weil man einen günstigen Winkel zur gegnerischen Tischhälfte hat und den Gegner gleichzeitig unter großen Zeitdruck setzt. Bei nah an der Grundlinie aufspringenden Bällen, die zudem noch große Vorwärtsrotation besitzen, ist ein Ball-

Vorhand-Schmetter

Ausholphase:
- Seitliche VH-Stellung!
- Schläger zur Seite!

Schlag-/Treffphase:
- Extreme Schlagarmbeschleunigung mit explosiver Körperdrehung nach vorn!
- Handgelenk im Balltreffpunkt gerade!

Ausschwungphase:
- Schläger zu/über linke Schulter!

Vorhand-Schmetter 71

- Starke Oberkörperverwringung nach rechts!
- Schlagarm fast gestreckt!
- Körpergewicht auf hinterem Fuß!

- Schlagarm im Balltreffpunkt gebeugt!
- Schlägerblatt je nach Schnitt mehr oder weniger geschlossen!

- Körperbewegung auf vorderem Fuß abfangen!

treffpunkt in der fallenden Phase der Flugbahn mit weniger Risiko verbunden. Wenn auch die Schlagbewegung deutlich länger als beim Konter ist, so sollte sie auch beim Schuß nur so lang wie unbedingt nötig sein. Dies gilt besonders für die Ausholbewegung, damit man in der Lage ist, den Ball wirklich im höchsten Punkt der Flugbahn und auch schräg vor dem Körper zu treffen. Von großer Bedeutung ist jedoch, daß die gesamte Kraft «durch» den Ball geht; die Ausschwungbewegung muß daher länger sein als beim Konter.

Vorhand-Schmetter

(siehe Abbildungen Seite 70/71)

Varianten

Vorhand-Schuß im Sprung

Mit dieser Schlagvariante ist es möglich, den Ball auf einem höheren Punkt seiner Flugbahn zu treffen. Dadurch springt er in steilerem Winkel auf der Tischhälfte des Gegners auf. Er bekommt eine viel höhere zweite Flugkurve und ist sehr schwierig zu retournieren, weil er fast «über» den Gegner hinwegfliegt. Die Flugbahn des ankommenden Balles muß jedoch sehr genau vorausberechnet werden, damit Ort und Timing des Absprungs exakt passen. Zweifellos ist diese spektakuläre Variante des Vorhand-Schusses so schwierig, daß sie erst in einem fortgeschrittenen Lernstadium trainiert werden sollte.

Hohe Bälle mit der Vorhand schießen

Es ist zwar durchaus möglich, hohe Bälle auch mit der Rückhand zu schießen (siehe Abbildung Seite 74), doch ist dieser Schlag technisch so schwierig, daß das Risiko in keinem vernünftigen Nutzen zur Effektivität steht.
Daher solltest du grundsätzlich versuchen, jeden hohen Ball mit der Vorhand zu schießen, zumal die geringe Geschwindigkeit der hohen Bälle dir genügend Zeit bietet, zu jedem Schlag eine optimale Vorhand-Schlagstellung einzunehmen.

Varianten 73

Vorhand-Schmetter auf Ballonabwehr: Ball ausspringen lassen und in der fallenden Phase in Schulterhöhe schlagen!

74 Schmetter

Rückhand-Schmetter auf hohe Bälle: Ein sehr schwierig zu koordinierender Schlag!

Vorhand-Schuß gegen Unterschnitt

Jetzt ist wieder zu beachten, daß der ankommende Ball mit Unterschnitt die Tendenz hat, von deinem Schläger nach unten zu ziehen. Dadurch wird die Flugbahn deines Schusses kürzer; die Gefahr, daß der Ball hinter den Tisch fliegt, ist geringer. Das Schlägerblatt muß etwas mehr geöffnet werden. Die Schlagbewegung geht ein wenig mehr nach oben als beim Schuß gegen überschnittene Bälle, denn sonst würde der Ball wahrscheinlich in das Netz fliegen. Besonders wichtig beim Schuß gegen unterschnittene Bälle ist, daß die Schlagbewegung wirklich «durch» den Ball hindurchgeht und der Ball genau dann getroffen wird, wenn der Schläger seine größte Geschwindigkeit erreicht. Technisch ist der Schuß gegen Unterschnitt einfach. Er erfordert allenfalls den nötigen Mut, auch wirklich hart durchzuschlagen.

Der Vorhand-Schuß gegen Unterschnitt ist mit einem leichten Rückhand-Griff, der entsprechende Rückhand-Schuß mit einem leichten Vorhand-Griff einfacher zu spielen.

Trainingsprogramm

Der Schuß sollte erlernt werden, wenn die Grobform des Konterns einigermaßen sicher beherrscht wird. Er soll helfen, etwas zu hohe Schläge des Gegners zum sofortigen Punktgewinn zu nutzen. Natürlich wenden wir auch beim Erlernen des Schusses das methodische Prinzip «vom Einfachen zum Schwierigen» an. Wichtiger als eine maximale Schlaghärte ist beim Schuß die genaue Plazierung des Balles, weil wir durch die starke Gewichtsverlagerung nach dem Schlag in eine ungünstige Position für einen nächsten Schlag kommen. Es gilt daher, nie auf den Schläger des Gegners zu schießen. Aus diesem Grunde müssen von Beginn an Plazierungsübungen mit in das Training des Schusses einbezogen werden.

Stufe 1:
Der Trainer spielt dir aus der Ballkiste die Bälle mit leichtem Überschnitt in deine Vorhandhälfte zu. Die Bälle sollen zu Beginn deutlich höher als Netzhöhe springen. Die Frequenz der zugespielten Bälle soll so gering sein, daß du nach jedem Schlag genügend Zeit hast, die optimale Position für den nächsten Schlag einzunehmen. Plaziere zunächst diagonal, dann auf die Tischmitte, dann parallel. Kleine Zielpunkte wie Bierdeckel, Filmdosen oder Ballschachteln erleichtern dir die präzise Plazierung. Mit maximaler Kraft sollst du den Ball erst dann schlagen, wenn dir der Bewegungsablauf keine Probleme mehr

bereitet. Lerne in dieser Stufe auch, aus der Tischmitte und aus deiner Rückhandhälfte mit der Vorhand zu schießen.

Stufe 2:
Jetzt trainierst du den Vorhand-Schuß in regelmäßiger Situation aus dem Kontern. Denke daran, den Schuß so zu plazieren, daß der Ball möglichst nicht mehr zurückkommt.

Einige Beispielübungen:

1.
Spieler A: Kontert mit Vorhand diagonal.
Spieler B: Kontert mit Vorhand diagonal und sucht sich den besten Ball für einen Vorhand-Schuß auf die Tischmitte aus, dann ist freies Spiel.

2.
Spieler A: Kontert mit Rückhand parallel.
Spieler B: Kontert mit Vorhand parallel und sucht sich den besten Ball für einen Vorhand-Schuß diagonal oder auf die Tischmitte aus, dann ist freies Spiel.

3.
Spieler A: Kontert mit Vorhand und Rückhand auf die Tischmitte.
Spieler B: Kontert mit Vorhand abwechselnd in die Vorhand- und Rückhandecken und sucht sich den besten Ball für den Vorhand-Schuß auf dieselbe Stelle wie den vorhergehenden Konter aus, dann ist freies Spiel.

Stufe 3:
Jetzt trainierst du den Vorhand-Schuß, nachdem du zuvor mit der Rückhand gespielt hast. Wenn dir das leichtfällt, solltest du dies auch in halb-regelmäßigen und unregelmäßigen Situationen trainieren. In dieser Trainingsstufe solltest du auf die gleiche Weise mit dem Erlernen des Rückhand-Schusses beginnen.

Einige Beispielübungen:

1.
Beide Spieler kontern diagonal mit Rückhand.
Spieler A: Kontert den vierten Ball in die Vorhandecke.

Spieler B: Schießt mit Vorhand auf den Körper von Spieler A, dann ist freies Spiel.

2.
Beide Spieler kontern diagonal mit Rückhand.

Spieler B: Sucht sich den richtigen Ball für einen Vorhand-Schuß aus seiner Rückhandecke auf den Körper von Spieler A aus, dann ist freies Spiel.
Spieler A: Spielt jedoch dann in die Vorhandecke, wenn er sieht, daß Spieler B zu früh seine Rückhand umlaufen hat, dann ist ebenfalls freies Spiel.

3.
Spieler A: Kontert mit Rückhand unregelmäßig in die Vorhand- und Rückhandecken.
Spieler B: Kontert mit Vorhand und Rückhand in die Rückhandecke. Den dritten Ball von seiner Vorhandecke schießt er auf den Körper oder in die Vorhand, dann ist freies Spiel.

Stufe 4:
Jetzt wird der Schuß mit Topspin-Schlägen kombiniert. Du mußt darauf achten, daß der Schlagansatz für den Schuß höher ist als für den Topspin. Daher ist es wichtig, daß du nicht lange Serien von Topspins ziehst, weil du sonst unweigerlich einen für den Schuß zu tiefen Schlagansatz automatisieren wirst.

Einige Beispielübungen:

1.
Spieler A: Blockt mit der Rückhand abwechselnd in die Vorhand und in die Tischmitte.
Spieler B: Zieht einen Vorhand-Topspin in die Rückhand und sucht sich den richtigen Ball für einen Vorhand-Schuß auf die Tischmitte oder in die Vorhand aus, dann ist freies Spiel.

2.
Spieler A: Blockt diagonal mit Rückhand, ab dem vierten Ball irgendwann einmal parallel.
Spieler B: Zieht einen Rückhand-Topspin diagonal und schießt mit der Vorhand auf den ganzen Tisch, dann ist freies Spiel.

3.
Spieler A: Blockt zweimal in Rückhand, einmal in Vorhand usw. Irgendwann spielt er zweimal in die Vorhand.
Spieler B: Zieht einmal mit Rückhand parallel, umläuft die Rückhand und zieht den ersten Ball mit Vorhand diagonal, den zweiten Topspin aus der Vorhand diagonal. Kommt der Ball zweimal auf seine Vorhand, soll der zweite Ball mit der Vorhand frei geschossen werden, dann ist freies Spiel.

4.
Spieler A: Blockt in die Vorhandhälfte, ab dem vierten Ball irgendwann einmal ganz passiv in die Rückhand.
Spieler B: Zieht einen Vorhand-Topspin in die Vorhand. Wenn der Ball in seine Rückhand kommt, schießt er mit Rückhand frei über den ganzen Tisch, dann ist freies Spiel.

Stufe 5:

Jetzt trainierst du den Vorhand-Schuß auf hohe Bälle. Gehe auch hier methodisch vom Einfachen zum Schwierigen vor:

1.
Der Trainer spielt dir die Bälle aus der Ballkiste in niedriger Frequenz zu. Der Ball soll zuerst in einer Höhe von etwa einem Meter über das Netz und mit nur wenig Vorwärtsrotation und Geschwindigkeit auf dich zukommen.

2.
Nach und nach erhöht sich die Frequenz der zugespielten Bälle sowie deren Rotation und Geschwindigkeit.

3.
Dann kombinierst du den Schuß mit vorangegangenen Topspins und Schüssen, mit denen du deinen Gegner in die Ballonverteidigung gedrängt hast.

4.
Steigere deine Schlaghärte mit zunehmender Sicherheit. Übe zunächst, den Ball präzise zu plazieren. Ist der Gegner in großer Distanz zum Tisch, versuche so weit nach außen zu schießen, daß der Ball seitlich aus der Spielbox hinausfliegt.

Stufe 6:
Auch wenn er im heutigen Tischtennis nicht mehr so häufig vorkommt, so sollte er doch nicht vergessen werden, der Schuß gegen unterschnittene Bälle. Er ist eine gute Waffe gegen Abwehrspieler, besonders dann, wenn er mit Topspins kombiniert wird. Dieser Schlag kann auch aus dem Schupfen heraus zu leichten Punktgewinnen verhelfen. Auch wenn ein guter Trainer in der Lage ist, aus der Ballkiste mit Distanz zum Tisch unterschnittene Bälle zuzuspielen, ist es doch von Vorteil, einen guten Verteidigungsspieler als Trainingspartner zur Verfügung zu haben. Um den richtigen Schlägerwinkel für deinen Schuß zu wählen, mußt du die Schlagbewegung des Verteidigungsspielers und den Ball genau beobachten, damit du den Unterschnitt richtig einschätzt. Denke daran, daß der Schläger um so weiter geöffnet wird, je mehr Unterschnitt der ankommende Ball hat. Je stärker der Unterschnitt ist, desto ausgeprägter mußt du auch «durch» den Ball hindurchschlagen, um dessen Tendenz, von deinem Schläger nach unten zu ziehen, zu kompensieren. Bedenke auch, daß ein unterschnittener Ball beim Aufsprung auf dem Tisch stark abgebremst wird. Seine zweite Flugkurve wird sehr kurz sein, deshalb mußt du dich zum Ball hin bewegen.

SCHUPFEN

Viele Angriffsspieler moderner Prägung denken beim Begriff «Schupfen» oft an Strandbadtischtennis oder an Zeitspiele zweier Verteidigungsspieler. In der Tat gab es bis zur Einführung der Wechselmethode, mit der ein nach 15 Minuten noch nicht beendeter Satz fortgeführt wird, häufig stundenlange Spiele, wobei der Ball mit sicherem Schupfen im Spiel gehalten wurde. Natürlich ist die Bedeutung dieser Schlagtechnik mit dem rasanten Angriffsspiel heutiger Tage und der gleichzeitigen Entwicklung immer schnellerer Beläge und Schlägerhölzer deutlich zurückgegangen. Dennoch gibt es auch heute in Wettkämpfen viele Situationen, in denen auf das Schupfen nicht verzichtet werden kann. So ist zum Beispiel bei der Rückgabe kurzer unterschnittener Aufschläge auf einen Schupfball kaum zu verzichten. Auch im Spiel gegen Abwehrspieler muß gelegentlich geschupft werden, wenn weder Topspin noch Schuß möglich ist. Der Abwehrspieler selbst kann ohne sichere, plazierte und verschieden geschnittene Schupfbälle überhaupt nicht auskommen. Die Grundform des Schupfens ist Ausgangstechnik für eine Reihe von Schlagtechniken, die im modernen Tischtennis mittlerweile eine große Rolle spielen. Kurze Rückgabe, Offensiv-Schupf, Stopball und Unterschnitt-Abwehr lassen sich alle aus dem Schupfen ableiten.
Da beim Schupfen der Ball nur eine geringe Geschwindigkeit erhält, ist es einerseits vergleichsweise einfach, solche Bälle zu retournieren. Dem Gegner kann jedoch immer dann eine gute Gelegenheit zum Angriff gegeben werden, wenn diese langsamen Bälle schlecht plaziert und zu hoch gespielt werden. Daraus folgt, daß wir das Schupfen zwar bei weitem nicht so intensiv trainieren müssen wie die schnellen Angriffsschläge, aber ganz ohne Schupftraining kommt auch der Angriffsspieler heutzutage nicht aus.

Vorhand-Schupf

Ausholphase:
- Rechter Fuß leicht vorn!
- Schläger zur Seite (Hüfthöhe)!
- Schlagarm gebeugt!
- Körpergewicht auf rechtem Fuß!

Schlag-/Treffphase:
- Strecke den Schlagarm im Ellbogengelenk nach vorn!
- Schneide den Ball im höchsten Punkt mit stark geöffnetem Schläger!
- Triff den Ball seitlich vor dem Körper!

Ausschwungphase:
- Schläger schwingt zur Körpermitte hin aus!
- Körperbewegung auf vorderem rechtem Fuß abfangen!

Rückhand-Schupf

Ausholphase:
- Seitliche RH-Stellung, rechter Fuß leicht vorn!
- Schläger in Höhe der linken Schulter zur Seite!
- Schlagarm gebeugt!
- Körpergewicht mehr auf vorderem rechtem Fuß!

Schlag-/Treffphase:
- Strecke den Schlagarm im Ellbogengelenk nach vorn!
- Schneide den Ball im höchsten Punkt mit stark geöffnetem Schläger!
- Triff den Ball vor dem Körper!

Ausschwungphase:
- Schläger schwingt nach vorn bis in Höhe der Schlagarmschulter aus!
- Körperbewegung auf vorderem rechtem Fuß abfangen!

Varianten

Vorhand-Schupf auf kurze Bälle: Sehr kurzer Unterarmeinsatz!

84 Schupfen

Rückhand-Schupf auf kurze Bälle: Balltreffpunkt in der steigenden Flugphase über dem Tisch!

Schupfen gegen kurze Bälle

Um kurz zugespielte Bälle überhaupt erreichen zu können, mußt du aus der Grundstellung oder aus der Stellung deines letzten Schlages nah an den Tisch herankommen. Dazu macht der Rechtshänder einen Schritt mit dem rechten Fuß so nah wie möglich an den Tisch heran oder sogar bis unter den Tisch – der Linkshänder entsprechend mit dem linken Fuß. So kannst du die Reichweite des Armes optimal nutzen. Je kürzer der Ball des Gegners hinter dem Netz aufspringt, desto weniger kannst du selbst mit dem Unterarm spielen; dein Schlag wird dann hauptsächlich mit Handgelenkeinsatz gespielt. Dieser Handgelenkeinsatz ist sehr wichtig, weil du damit die Flugrichtung und die Rotation des Balles bestimmen mußt. Beim Treffen des Balles muß dein Schläger in Bewegung sein, weil sonst ausschließlich die Rotation des ankommenden Balles deinen Schlag beeinflußt und der Ball unkontrolliert von deinem Schläger wegspringt. Selbst bei der kurzen Rückgabe eines kurzen Aufschlages gilt diese Voraussetzung.

Schupfen gegen variierenden Unterschnitt

Hier gelten die aus der Rotationsgrammatik bekannten Prinzipien ohne Einschränkung: Je mehr Unterschnitt der ankommende Ball hat, desto weiter muß dein Schlägerblatt geöffnet werden, und desto deutlicher geht die Schlagbewegung unter den Ball. Hat der ankommende Ball wenig oder keinen Unterschnitt, wird der Schläger entsprechend geringer geöffnet. Voraussetzung für die richtige Schlagtechnik ist also auch hier erst einmal das genaue Beobachten des Balles und die richtige Einschätzung seiner Rotation.

«Schiebe»-Schupf

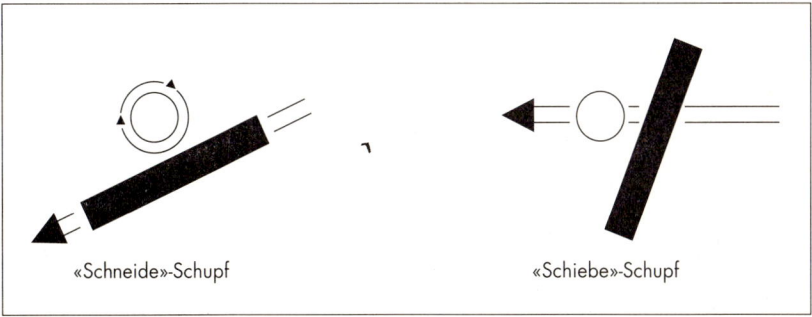

«Schneide»-Schupf   «Schiebe»-Schupf

Unterschiedliche Schlagprinzipien beim «Schneide»-Schupf (tangential) und «Schiebe»-Schupf (mehr zentral)

Wie es der Begriff schon andeutet, wird der Ball jetzt nicht geschnitten, sondern «geschoben». Der Balltreffpunkt ist nahezu zentral, und der Ball erhält keinen oder nur wenig Unterschnitt. Diese Schlagtechnik, die wegen ihrer Einfachheit häufig erste und einzige Technik vieler Hobbyspieler ist, kann auch im Wettkampftischtennis von Bedeutung sein. Im Wechsel mit unterschnittenen Schupfbällen soll der Schiebe-Schupf den Gegner dazu bringen, den Ball etwas höher zurückzugeben, so daß anschließend mit relativ geringem Risiko angegriffen werden kann. Das bedeutet, daß man in der Lage sein muß, unmittelbar nach dem zentralen Balltreffpunkt eine Unterschnitt-Bewegung anzudeuten, um dem Gegner das Erkennen der Rotation auf Grund der eigenen Schlagbewegung zu erschweren.

Stopball

Der Stopball wird bevorzugt gegen Verteidigungsspieler eingesetzt, und zwar dann, wenn dieser sich weit hinter dem Tisch befindet und seine Abwehr so kurz und flach war, daß ein weiterer Angriffsschlag ein zu großes Risiko bedeuten würde. Gegen Verteidiger, die nicht oder nicht gut angreifen, wird er auch häufig eingesetzt, um diese zu ermüden. Damit dem Verteidigungsspieler nur wenig Zeit bleibt, den Stopball zu erreichen, mußt du auf einige wichtige Details achten:
1. Die Ausholbewegung soll so kurz wie möglich sein und so spät wie möglich erfolgen. Vielleicht kannst du sogar die Ausholbewegung zu einem weiteren Topspin andeuten.
2. Der Balltreffpunkt muß unmittelbar nach dem Aufsprung auf dem Tisch in der aufsteigenden Phase der Flugbahn liegen.
3. Der Schlägerwinkel muß innerhalb der sehr kurzen Schlagbewegung exakt der Rotation des ankommenden Balles angepaßt werden.

Offensiv-Schupf

Diese Schlagtechnik ist im modernen Tischtennis von großer Bedeutung. Sie wird gegen kurze Aufschläge oder als Auflösung des «Kurz-kurz-Spiels» eingesetzt, um den Gegner in Zeitdruck zu bringen. Dadurch erhält man vom Gegner in der Regel einen berechenbaren Topspin, den man gut mit einem eigenen Angriffsschlag beantworten kann, oder der Gegner schupft lang zurück, so daß man selbst die Initiative mit einem Angriffsschlag ergreifen kann. Prinzipiell ist die Schlagtechnik die gleiche wie die Grundform des unterschnittenen Schupfschlages, allein die Schlagbewegung ist schneller und der Handgelenkeinsatz aktiver. Damit dem Gegner weniger Zeit für seinen Schlag zur Verfügung steht, muß der Ball in der aufsteigenden Phase der Flugbahn etwas unter Netzhöhe getroffen werden. Zusätzlich soll der Ballaufsprung lang auf die Grundlinie des Gegners plaziert werden, damit ihm ein technisch guter Topspin erschwert wird. Meist wird der Offensiv-Schupf mit starkem Unterschnitt gespielt. Um weitere taktische Variationsmöglichkeiten zu besitzen, sollte er jedoch auch ohne Schnitt erlernt werden.

Seitenschnitt-Schupf

Wie beim schon beschriebenen Sidespin wird auch hier der Ball nicht genau hinten, sondern etwas seitlich – jedoch unterhalb seines Äquators – getroffen. Dadurch erhält der Ball eine Kombination aus Seiten- und Unterschnitt. Geht die Schlagbewegung rechts am Ball vorbei, ist seine Flugbahn nach links gekrümmt; geht die Schlagbewegung links am Ball vorbei, ist die Flugbahn nach rechts gekrümmt. Der Seitenschnitt-Schupf nach rechts ist mit der Rückhand, der nach links mit der Vorhand einfacher zu spielen.
Taktisch am sinnvollsten ist der Seitenschnitt-Schupf dann, wenn er weit nach außen plaziert wird und seine Drehrichtung gleichzeitig vom Tisch weg ist. Dadurch kann man den Gegner zwingen, eine zentrale Position hinter dem Tisch zu verlassen. Er muß eine Seite weit öffnen, auf die man den nächsten Ball plazieren kann, oder er läuft, weil er genau um diese Gefahr weiß, so früh in die andere Ecke, daß man ihn auf dem «falschen» Fuß erwischen kann.
Der Seitenschnitt-Schupf wird häufig als Offensiv-Schupf gegen kurze Aufschläge in die Mitte des Tisches eingesetzt, weil genau dann der Winkel am größten ist, um den Ball weit außen in beide Seiten des Tisches zu spielen.

Trainingsprogramm

Die Technik des Schupfens ist im Vergleich zu den Angriffsschlägen recht einfach, weil wegen der geringen Ballgeschwindigkeit keine großen Timing-Probleme bestehen und auch ausreichend Zeit ist, die Spielsituation richtig einzuschätzen und eine optimale Position zum Ball einzunehmen. Die Grundform des Schupfens wird sicher schnell erlernt werden, so daß du schon bald die Varianten dieser Techniken einzusetzen verstehst.
Bald wirst du jedoch feststellen, daß es schwieriger ist, auf deine Grundlinie zugespielte Bälle mit der Vorhand flach und plaziert zurückzuschupfen, als mit einem Vorhand-Topspin anzugreifen. Daher solltest du diese Bälle grundsätzlich mit Vorhand-Topspin angreifen und den Vorhand-Schupf nur als Notlösung einsetzen.

Stufe 1:
Der Trainer spielt dir aus der Ballkiste die Bälle mit leichtem Unterschnitt regelmäßig zu. Beginne mit dem technisch einfacheren Rückhand-Schupfen. Wenn du die Grundform einigermaßen sicher beherrschst, kommt die entsprechende Schlagtechnik mit der Vorhand hinzu. Beide Schläge werden bald kombiniert trainiert; zuerst regelmäßig, dann in niedriger Zuspielfrequenz unregelmäßig.
Beim Rückhand-Schupfen besteht die Gefahr, daß die ideale Schlägerhaltung sich zu einem mehr oder weniger starken Rückhand-Griff verändern kann, wenn Bälle von der Tischmitte oder gar aus der Vorhandseite mit der Rückhand geschupft werden. Achte darauf, dies unbedingt zu vermeiden, weil sonst deine weitere technisch-taktische Entwicklung erheblich eingeschränkt werden wird. Mache es dir zur Regel, beim Schupfen von einem Drittel des Tisches mit der Rückhand, von zwei Dritteln mit der Vorhand zu spielen! Entsprechende Markierungen mit Kreide, Klebeband oder einem Springseil oder das Abdecken des Tisches mit einem Handtuch erleichtern dir anfangs die Entscheidung, ob mit Vorhand oder Rückhand gespielt wird.

Stufe 2:
Jetzt setzt du den Schupfball in der Wettkampfsituation als Rückgabe eines kurzen unterschnittenen Aufschlages ein. Wenn du den Vorhand-Topspin schon beherrschst, kannst du ihn zur Eröffnung des Angriffs anwenden.

Zwei Beispielübungen:
1.
Spieler A: Kurzer Unterschnitt-Aufschlag in Rückhand.
Spieler B: Rückhand-Schupf in Rückhand.
Spieler A: Rückhand-Schupf in Vorhand.
Spieler B: Vorhand-Schupf in Vorhand.
Spieler A: Vorhand-Schupf in Tischmitte.
Spieler B: Vorhand-Topspin in Vorhand oder Rückhand, dann ist freies Spiel.

2.
Spieler A: Kurzer Unterschnitt-Aufschlag in Rückhand oder Vorhand.
Spieler A und B: Schupfen mit Rückhand über die Rückhanddiagonale, bis einer der beiden in die Vorhand schupft. Vorhand-Topspin über den ganzen Tisch, dann ist freies Spiel.

Stufe 3:
Die Grundform des Vorhand- und Rückhand-Schupfens sollte nun so weit beherrscht werden, daß du jetzt trainieren solltest, den Ball in bezug auf die

Breite des Tisches präzise zu plazieren. Im modernen Tischtennis wird zum Beispiel ein über die Seitenlinien des Tisches hinaus plazierter Schupfball häufig eingesetzt, um den Gegner aus der optimalen Position hinter dem Tisch zu drängen. Diese nach außen plazierten Bälle sind dann am sinnvollsten zu spielen, wenn der Ball kurz hinter dem Netz auf deiner Tischhälfte aufspringt, weil dann der Winkel für deine Ballplazierung am größten ist. Kleine Zielpunkte auf dem Tisch erleichtern dir die Plazierung des Balles; versuche durchaus, den Ball auf die Tischkante zu spielen. Denke auch daran, daß ein präzise auf den Ellbogen plazierter Schupfball deinen Gegner in große Schwierigkeiten bringen kann.

Eine Beispielübung:
Spieler A: Kurzer Unterschnitt-Aufschlag in die Tischmitte.
Spieler B: Vorhand- oder Rückhand-Schupf in außen-Rückhand oder außen-Vorhand.
Spieler A: Rückhand- oder Vorhand-Topspin in die Mitte.
Spieler B: Blockt entweder in die freie andere Seite des Tisches oder, wenn er sieht, daß Spieler A zu früh in diese Seite läuft, wieder in dieselbe Seite, dann ist freies Spiel.

Hier ist eine wichtige Anmerkung zu machen: Wenn auch weiter oben dringend geraten wurde, von der Mitte des Tisches nicht mit der Rückhand zu schupfen, so kann in dieser Übung (und natürlich in einer vergleichbaren Wettkampfsituation) von dieser Regel abgewichen werden. Zwar kannst du mit der Vorhand weiter nach außen in die Vorhand des Gegners plazieren; wenn du jedoch in die weite Rückhand plazieren willst, ist dies mit deiner Rückhand günstiger. Achte aber in diesem Fall darauf, daß du deine ideale Schlägerhaltung beibehältst.

Stufe 4:
Jetzt trainierst du die Varianten «Kurze Rückgabe», «Offensiv-Schupf» und «Stopball». Damit lernst du, die Länge des Tisches taktisch zu nutzen. Versuche, so präzise wie möglich zu plazieren: Ganz kurz und ganz lang plazierte Bälle können den Gegner in Schwierigkeiten bringen. Bemühe dich, die kurzen Schupfbälle mit Netzberührung und die langen auf die Grundlinie zu spielen.

Zwei Beispielübungen:
1.
Spieler A: Kurzer Aufschlag in Vorhand oder Rückhand. (Manchmal langer Aufschlag, damit der Rückschläger sich nicht ange-

wöhnt, zu dicht am Tisch den Aufschlag zu erwarten; dann sofort freies Spiel.)

Spieler B und A: Kurz schupfen, bis einer der beiden lang auf den Ellbogen schupft, dann Vorhand-Topspin und freies Spiel.

2.
Spieler A: Vorhand- und Rückhand-Unterschnitt-Abwehr auf die Tischmitte.

Spieler B: Vorhand-Topspin abwechselnd in Rückhand und Vorhand, irgendwann Stopball.

Spieler A: Frei angreifen, wenn der Stopball zu hoch ist; sonst offensiv schupfen in Vorhand oder Rückhand, dann ist freies Spiel.

Stufe 5:

Jetzt trainierst du das Schupfen mit unterschiedlichem Schnitt. Gib maximalen Unterschnitt, indem du mit annähernd waagerechtem Schlägerblatt schnell unter den Ball schneidest und ihn dabei nur ganz fein triffst. Mische diese Schläge mit Schupf-Bällen ohne Rotation, bei denen du den Ball mit mehr senkrecht gestelltem Schlägerblatt fast zentral triffst. Wenn du deine Schupfbälle über die Seitenlinien nach außen plazieren möchtest, kannst du noch zusätzlich Seitenschnitt mitgeben, um den Plazierungswinkel zu vergrößern. Trainiere diese schwierigen Varianten auf die gleiche Art und Weise, mit der du die Grundform des Schupfens erlernt hast.

Stufe 6:

Schwierigste Form des Schupfens ist gegen unterschiedlichen Schnitt, besonders gegen trickreiche Aufschläge des Gegners, deren Schnitt du nur schwer oder zu spät erkennst. Unabdingbare Voraussetzung für wirkungsvolle Schupf-Bälle ist es, die Rotation des ankommenden Balles richtig zu «lesen», damit der Schlägerwinkel, die Schlagrichtung und die Schlaghärte richtig dosiert werden können. Versuche daher, so häufig wie möglich gegen gute Aufschläger zu trainieren, und beobachte bewußt ihre Schlagbewegung, den Balltreffpunkt und die Flugkurve des Balles. Farblich markierte Bälle – ein paar Streifen mit einem Filzstift reichen schon aus – helfen dir anfangs, die Rotation des Balles zu erkennen. Auch der Stempel auf dem Ball kann dir anzeigen, ob der Ball viel Rotation besitzt oder nicht: Kannst du diesen Stempel in der Flugbahn deutlich erkennen, hat der Ball keine oder nur sehr wenig Rotation. Der Ball dreht sich schnell, wenn du den Stempel nicht erkennen kannst. Ob der Ball dann Ober- oder Unterschnitt hat, mußt du aus der Schlagbewegung und der Flugbahn des Balles ableiten.

UNTERSCHNITT-ABWEHR

In den letzten Jahren hat die Anzahl der Abwehr- und Verteidigungsspieler im Tischtennis stark abgenommen.
Die Erfindung griffiger Noppen-innen-Beläge und die daraus resultierende Entwicklung des Topspins haben viele Abwehrspieler vor unlösbare Probleme gestellt und sie zwangsläufig zum Angriffsspiel wechseln lassen. Bis heute haben die Neuerungen auf dem Materialsektor das Angriffsspiel weiter bevorteilt, sei es durch schnellere Schlägerhölzer, noch griffigere und schnellere Noppen-innen-Beläge und nicht zuletzt durch die inzwischen sehr umstrittene Technik des Frischklebens.
Eine kurzzeitige Renaissance des Abwehrspiels gab es in den 70er Jahren, als zunächst langsame und nur wenig griffige Anti-Topspin-Beläge und später Beläge mit langen Noppen erfunden wurden, mit denen es einfacher war, stark rotierende Topspins zurückzubringen. Die Einführung der «Zwei-Farben-Regel», die bestimmt, daß nur noch mit einem roten und einem schwarzen Schlägerbelag gespielt werden darf, hat diesen Vorteil jedoch wieder weitgehend zunichte gemacht.
Leider gibt es nur noch wenige Trainer im Anfängerbereich, die sich zutrauen, Kindern das Abwehrspiel beizubringen. Daß die Abwehrer heutzutage durchaus Chancen haben, sogar in die Weltspitze vorzudringen, belegen Spielerinnen und Spieler wie die Deutsche Meisterin Jie Schöpp, die Engländer Chen Xinhua und Mathew Syed, der Koreaner Li Gun Sang, der Chinese Wang Hao und eine Handvoll weiterer Athleten. Je weniger Abwehrspieler es gibt, desto erfolgreicher können diese sein, denn damit fehlt den Angriffsspielern die Trainingsmöglichkeit und das Sammeln von Erfahrungen gegen dieses ungewohnte Spielsystem. Diese Tatsache ist besonders deutlich zu beobachten, wenn junge Spielerinnen und Spieler in den Erwachsenen-Spielklassen erstmals gegen Abwehrspieler antreten und dabei oft bittere Niederlagen einstecken müssen.
Unserer Überzeugung nach hat das Abwehrspiel heutzutage durchaus seine Berechtigung; denn es gibt, wie in allen anderen Sportarten auch, unter den Tischtennis-Spielern vorsichtige und auf Sicherheit bedachte Charaktere. Ein kompromißloses Angriff-Spielsystem würde zu deren Mentalität in keiner

Weise passen, und es wäre zu vermuten, daß diese Spieler ihr persönliches Leistungs-Optimum trotz allen Trainings nie erreichten.

Das moderne Abwehrspiel unterscheidet sich jedoch erheblich von dem vergangener Tage, als es ausreichte, den Ball immer wieder auf den Tisch zu bringen und darauf zu warten, daß der Gegner einen Fehler machte. Heute muß der Verteidiger nicht nur die Abwehrschläge mit ihren verschiedenen Variationsmöglichkeiten beherrschen, sondern auch alle Angriffsschläge. Zudem sollte er die Fähigkeit besitzen, blitzschnell Situationen zu erfassen, in denen er von Abwehr auf Angriff umschalten kann. Da es in jedem Fall von Vorteil ist, auf einer Schlägerseite mit langen Noppen zu spielen, muß er auch das Schlägerdrehen lernen, so daß er Vorhand und Rückhand mit beiden Belägen spielen kann. Er sollte abschätzen können, in welchen taktischen Situationen ein Schlag mit Noppen oder mit der glatten Schlägerseite erfolgversprechender ist. Dies zeigt, daß das Erlernen des Abwehrspiels sehr anspruchsvoll ist und es sicherlich lange dauert, bis der Spieler in dieser Hinsicht «perfekt» ist.

Wir empfehlen, beim Abwehrsystem auf einer Schlägerseite mit langen Noppen zu spielen. Es ist schwierig, mit einem Backside-Belag einen stark vorwärts rotierenden Topspin flach über das Netz mit Unterschnitt-Techniken abzuwehren, weil der ankommende Ball die Tendenz hat, vom Schläger nach oben wegzuspringen. Das Schlägerblatt kann daher nur wenig geöffnet werden, womit es kaum noch möglich ist, die Rotationsgeschwindigkeit des Balles zu erhöhen. Der Angriffsspieler erhält relativ wenig Unterschnitt und kann seinen nächsten Schlag mit sehr hohem Tempo spielen.

Auch kann der Abwehrspieler nicht wie der Angreifer beim Topspin die Schlaggeschwindigkeit unbegrenzt erhöhen, um mehr Rotation zu erzeugen. Der mit Unterschnitt geschlagene Ball hat eine wesentlich längere Flugbahn als der Topspin; die Gefahr, daß der Ball hinter den Tisch fliegt, wäre dann sehr groß. Mit den langen Noppen kann die Rotation des ankommenden Topspins deutlich verstärkt werden, so daß der Angriffsspieler durch den starken Unterschnitt gezwungen wird, mehr aufwärts und damit langsamer zu ziehen. Nach einigen Unterschnittschlägen mit langen Noppen gegen Topspin kann die Rückwärtsrotation des Balles so stark sein, daß der Angriffsspieler zum Schupfen gezwungen wird. Dies ermöglicht dem Abwehrspieler die Chance zum Gegenangriff.

Auch mit Anti-Topspin-Belägen sind stark rotierende Topspins leichter zu retournieren als mit griffigen Backside-Belägen. Durch die nichtgriffige und unelastische Oberfläche dieser Beläge kann die Rotationsgeschwindigkeit des Topspins allerdings nicht erhöht werden, so daß der Angriffsspieler immer seinen eigenen, berechenbaren Schnitt zurückerhält. Da mit Anti-Topspin-Belägen nicht gefährlich angegriffen werden kann, ist das Spiel des Abwehrers mit diesem Material vergleichsweise leicht zu durchschauen. Für sehr defensiv agierende Abwehrer, die auch den erhöhten Trainingsaufwand mit den zugegebenermaßen schwieriger zu kontrollierenden langen Noppen scheuen, kann ein Anti-Topspin-Belag dennoch eine gute Alternative sein.

Vorhand-Abwehr mit Unterschnitt

(siehe Abbildungen Seite 94/95)

Rückhand-Abwehr mit Unterschnitt

(siehe Abbildungen Seite 96/97)

Varianten

Abwehr gegen Schmetterbälle

Gute Schmetterbälle zeichnen sich durch maximale Geschwindigkeit des Balles bei nur geringer Vorwärtsrotation aus. Das bedeutet für den Verteidigungsspieler, daß ihm nur sehr wenig Zeit zur Verfügung steht, auf diese hart geschlagenen Bälle zu reagieren. Es ist wichtig, Schmetterbälle des Gegners rechtzeitig zu erahnen. Da der ankommende Ball bei längerer Flugbahn an Geschwindigkeit verliert, ist es günstiger, sich noch etwas weiter vom Tisch zu entfernen. Falls der Spieler den Schmetterball zu spät erkennt und keine ausreichend gute Position zum Abwehrschlag mehr einnehmen kann, sollte er den Schuß mit einem Blockball (siehe Kapitel «Block») zurückspielen.
Die nur geringe Vorwärtsrotation eines Schmetterballes bewirkt, daß der Ball tendenziell nicht so stark vom Schläger nach oben zieht, wie es beim Topspin der Fall ist. Daher muß das Schlägerblatt weiter geöffnet werden. Die Richtung des Abwehrschlages geht deutlicher nach vorn als bei der Abwehr eines Topspins mit viel Rotation.

Abwehr ohne Schnitt

Abwehrschläge ohne Unterschnitt sollen den Angreifer zu Fehlern zwingen. Folglich muß der Abwehrspieler in der Lage sein, die Schläge ohne Schnitt mit

Vorhand-Abwehr mit Unterschnitt

Ausholphase:
- Seitliche VH-Stellung!
- Schläger zur Seite nach hinten-oben (Kopfhöhe)!

Schlag-/ Treffphase:
- «Schneide» den Ball in der fallenden Phase (nicht unter Tischhöhe) von oben nach unten!
- Strecke den Schlagarm nach vorn-unten!

Ausschwungphase:
- Schläger schwingt nach links-unten (Körpermitte)!

Vorhand-Abwehr mit Unterschnitt 95

- Schlagarm stark gebeugt!
- Leichte Oberkörperverwringung nach rechts!
- Körpergewicht auf rechtem Fuß!

- Handgelenk unterstützt Armbewegung (Schlägerkopf zeigt am Ende nach unten)!
- Triff den Ball seitlich neben dem Körper!

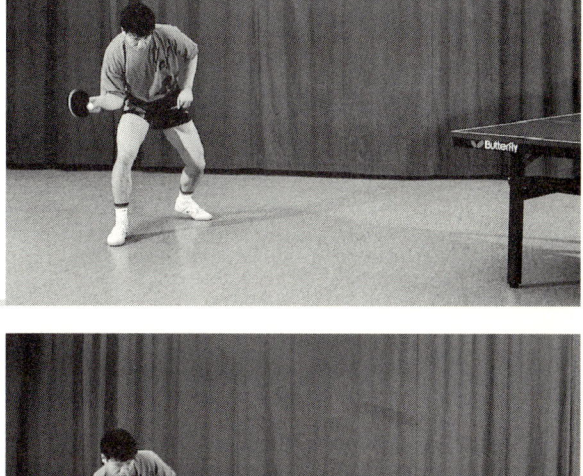

- Körpergewicht auf beiden Füßen!

96 Unterschnitt-Abwehr

Rückhand-Abwehr mit Unterschnitt

Ausholphase:
- Seitliche RH-Stellung!
- Schläger über linke Schulter!

Schlag-/Treffphase:
- «Schneide» den Ball in der fallenden Phase (nicht unter Tischhöhe) von oben nach unten!
- Strecke den Schlagarm nach vorn-unten!

Ausschwungphase:
- Schläger schwingt nach rechts-außen!

Rückhand-Abwehr mit Unterschnitt

- Schlagarm stark gebeugt!
- Körpergewicht auf linkem Fuß!

- Handgelenk unterstützt Armbewegung (Schlägerkopf zeigt am Ende nach unten)!
- Triff den Ball vor dem Körper!

- Körpergewicht auf vorderem Fuß!

annähernd gleicher Schlagbewegung wie die Abwehrschläge mit Unterschnitt zu spielen, damit der Angreifer den Schnittwechsel nicht erkennt. Gelingt dies, wird der Angreifer den Ball eventuell weit hinter den Tisch ziehen oder so hoch spielen, daß der Verteidiger selbst angreifen kann. Damit der Abwehrschlag keine Rückwärtsrotation erhält, muß der Ball zentral getroffen werden. Das Schlägerblatt wird also nicht unter den Ball geführt, sondern der Ball wird mit etwas stärker geöffnetem Schläger ungefähr am Äquator getroffen und dabei nach vorn «geschoben». Das Handgelenk bleibt im Balltreffpunkt gerade. Um den Angriffsspieler zu täuschen, kann unmittelbar nach dem Balltreffpunkt die Schlagbewegung flacher und mehr nach vorn auslaufen. Grundsätzlich soll der gesamte Bewegungsablauf möglichst nicht von der Abwehr mit Unterschnitt zu unterscheiden sein.

Umgreifen des Schlägergriffes

Beim Abwehrspiel ist eine sehr lockere und entspannte Schlägerhaltung wichtig, um die Verteidigungsschläge so gefühlvoll wie möglich zu spielen. Das erleichtert dem fortgeschrittenen Abwehrspieler einerseits das Schlägerdrehen, wenn er mit einem Kombischläger spielt, andererseits kann er je nach taktischer Situation die Griffhaltung von Vorhand-Griff zu Rückhand-Griff flexibel variieren. Bei der Rückhand-Abwehr empfiehlt sich der Vorhand-Griff, weil man so einen günstigeren Schlägerwinkel erhält, um unter den Ball zu kommen. Darüber hinaus hat man besonders aus der weiten Rückhand einen besseren Schlagwinkel zur Tischhälfte des Gegners. Entsprechende Vorteile bietet die Vorhand-Abwehr mit dem Rückhand-Griff. Voraussetzung für das Gleiten des Schlägergriffes innerhalb der Ballwechsel ist aber auch hier eine sehr gut entwickelte Wahrnehmungs- und Antizipationsfähigkeit. Wir empfehlen zudem eine gerade Griffform, die das Schlägerdrehen sowie die Griffvariationen erleichtert.

Abwehr vor dem Körper

Schnelle Angriffsschläge, die präzise auf den Körper oder den Ellbogen gespielt werden, lassen dem Verteidigungsspieler oft nicht mehr die Zeit, eine optimale Position für den Schlag einzunehmen. Zuerst muß sich der Abwehrer entscheiden, ob er den Ball mit der Vorhand oder der Rückhand zurückspielt. Es ist günstiger, wenn von der Vorhandseite des Gegners kommende Bälle mit der Vorhand und von der Rückhandseite kommende Bälle mit der Rückhand abgewehrt werden. Die Schlagbewegung geht bei beiden Möglichkeiten nicht genau in der entgegengesetzten Richtung des ankommenden Balles nach vorn-unten, sondern schräg zur Flugrichtung. Bei der Vorhand-Abwehr vom Körper schneidet der Schläger den Ball aus der gleichen Ausholposition wie bei der normalen Vorhand-Abwehr nach unten, aber deutlich mehr nach links als nach vorn. Dabei erhält der Ball einen Seitenschnitt nach rechts, aber weniger Unterschnitt als beim normalen Abwehrschlag. Diese schräg zur Flugrichtung des Balles verlaufende Schlagbewegung nimmt dem Ball so viel Geschwindigkeit, daß mit dieser Schlagtechnik auch aus einer ungünstigen Schlagposition der Ball eine nicht zu lange Flugbahn erhält.

Entsprechend ist die Rückhand-Abwehr vor dem Körper zu spielen: Aus der normalen Ausholposition wird der Schläger jetzt nach rechts-unten und nur wenig nach vorn geführt, wodurch der Ball eine Seitwärtsrotation nach links erhält. Sowohl bei Vorhand- als auch bei Rückhand-Abwehr vom Körper ist der Balltreffpunkt genau vor dem und nahe am Körper.

Rückhand-Abwehr mit Unterschnitt vor dem Körper: Balltreffpunkt sehr nah am Körper, seitlich weggezogene Schlagarmbewegung!

Trainingsprogramm

So wie der Angriffsspieler im Training hauptsächlich die Angriffsschläge trainiert, wird der Verteidiger in erster Linie versuchen, die Abwehrschläge zu verbessern. Dennoch muß ein moderner Verteidigungsspieler heute auch alle Angriffsschläge und das Umschalten von Abwehr auf Angriff konsequent trainieren. Einem erfolgshungrigen Verteidiger empfehlen wir, ungefähr 20 Prozent seiner Trainingszeit für Angriffstechniken und offensive Spielsituationen zu nutzen. Dagegen muß ein Angriffsspieler nicht soviel Trainingszeit in das Erlernen der Abwehrschläge investieren. Er sollte aber immer wieder Vorhand- und Rückhand-Abwehr üben, weil er im Wettkampf in Situationen kommen kann, wo gerade diese Schläge ihm noch Erfolg bringen können. Außerdem schult er damit sein Raum- und Ballgefühl.

Ein Tischtennis-Anfänger sollte in jedem Falle auch die Abwehrschläge erlernen, denn nur so kann er später feststellen, ob ihm das Abwehrsystem liegt und Freude bereitet.

Grundsätzlich sollte der Anfänger mit einem Schläger mit Noppen-innen-Belägen beginnen. Wenn er dann beim Erlernen der Abwehrtechniken feststellt, daß er zu diesem Spielsystem tendiert, sollte er bald – spätestens beim Training der Übungen der dritten Schwierigkeitsstufe – zu einem Kombischläger mit langen Noppen auf einer Seite umsteigen. Wartet er zu lange mit dem Wechsel auf dieses Material, werden sich seine Schlagtechniken zu sehr auf die Abwehr mit Backside-Belägen automatisiert haben, und dann wird es um so schwieriger, die etwas anderen Schlagbewegungen mit den langen Noppen zu erlernen. Für den Abwehrspieler ist es sehr wichtig, daß er häufig seine Trainingspartner wechselt, um immer wieder andere Angriffsschläge – seien es Topspins oder Schmetterbälle – zu erhalten. So lernt er am besten, unterschiedliche Rotation und Ballgeschwindigkeit richtig einzuschätzen.

Stufe 1:
Der Trainer spielt dir die Bälle aus der Ballkiste mit leichtem Oberschnitt zu, zunächst diagonal auf deine Tischecken, später auch parallel. Um deine Wahrnehmungsfähigkeit zu schulen, spielt er dir gelegentlich einen Ball unerwartet in die andere Ecke. Zuerst lernst du diagonal, dann parallel oder auch auf die Mitte des Tisches abzuwehren. Achte von Beginn an darauf, den Ball bei der Verteidigung so nah wie möglich an die Grundlinie des Gegners zu plazieren; dann muß er selbst etwas weiter vom Tisch zurückgehen, und du hast mehr Zeit für deine Abwehr. Vergleichbare Übungen kannst du auch mit einem guten Trainingspartner spielen, der in der Lage ist, Plazierung, Schlaghärte und Spin deiner Leistungsstärke entsprechend zu dosieren.

Stufe 2:
Jetzt trainierst du, Vorhand- und Rückhand-Abwehrschläge mit der notwendigen Beinarbeit zu kombinieren.

Eine Beispielübung:
Spieler A: (Angriffsspieler): Zieht Vorhand-Topspin abwechselnd in Vorhand und Rückhand.
Spieler B: (Abwehrspieler): Spielt Vorhand- und Rückhand-Abwehr auf die Tischmitte.
Spieler A: Zieht irgendwann zweimal auf dieselbe Ecke, dann ist freies Spiel.

Die Plazierung der Abwehrschläge auf die Tischmitte ist sehr nützlich, wenn die Bälle wirklich nah an die Grundlinie gespielt werden. In diesem Fall steht dem Angriffsspieler nur ein vergleichsweise kleiner Streuwinkel zur Plazierung in die Flanken des Tisches zur Verfügung; der Abwehrspieler braucht sich also seitlich nicht weit vom Tisch zu entfernen.

Stufe 3:
Der Verteidigungsspieler benötigt eine spezielle Beinarbeit, die hier trainiert werden soll. Dies sind schnelle Bewegungen vom Tisch in die Distanz zum Abwehrspiel und wieder nach vorn zum Erlaufen von Stopbällen. Gerade wenn der Angreifer einen Stopball spielt, zeigt sich, wie wichtig es für den Abwehrspieler ist, seine Verteidigungsposition nicht zu weit vom Tisch entfernt aufzubauen. Dann ist er in der Lage, gute Stops überhaupt noch zu erreichen und zu hohe oder zu lange Stopbälle mit einem Gegenangriff zu retournieren. Plaziert der Verteidigungsspieler seine Abwehrschläge zudem nah an die Grundlinie, so steht ihm mehr Zeit zur Verfügung, den Stopball seines Gegners zu erkennen. Die Bewegung vom Tisch in die Distanz erfolgt mit schnellen seitlichen Nachstellschritten, die Bewegung wieder zum Tisch mit Laufschritten.

Zwei Beispielübungen:
1.
Spieler A: (Angriffsspieler): Je einmal Vorhand-Topspin in Vorhand, Stopball in Vorhand, Vorhand-Topspin in Rückhand, Stopball in Rückhand; irgendwann zweimal Topspin oder Stopball in dieselbe Ecke, dann ist freies Spiel.
Spieler B: (Abwehrspieler): Vorhand-Abwehr, Vorhand-Schupf, Rückhand-Abwehr, Rückhand-Schupf auf die Tischmitte. Falls ein Stopball zu hoch und/oder zu lang ist, soll dieser entschlossen mit Schuß oder Topspin angegriffen werden.

2.

Spieler A: (Angriffsspieler): Vorhand-Topspin oder Vorhand-Schuß abwechselnd in Vorhand und Rückhand; irgendwann Stopball auf dieselbe Ecke wie der vorausgegangene Angriffsschlag, dann ist freies Spiel.

Spieler B: (Abwehrspieler): Vorhand- und Rückhand-Abwehr auf die Tischmitte; Stopball angreifen oder aggressiv in beide Ecken schupfen und danach frei angreifen.

Stufe 4:

Nachdem du bislang die Abwehrschläge von den Ecken des Tisches trainiert hast, sollst du nun lernen, Angriffsbälle auf deinen Körper zu verteidigen. Bekanntermaßen ist der Ellbogen-Bereich des Shakehand-Spielers ein Schwachpunkt, weil vor dem Schlag immer erst entschieden werden muß, mit welcher Schlägerseite der Ball zurückgespielt werden soll. Die kurze Zeit, die dieser Entscheidungsprozeß beansprucht, kann schon ausreichen, einen kontrollierten Schlag unmöglich zu machen. Deshalb muß wieder sehr gute Wahrnehmungs- und Antizipationsfähigkeit trainiert werden, damit der Zeitverlust durch den Entscheidungsprozeß so gering wie möglich bleibt.

Trainiere zunächst regelmäßige, dann unregelmäßige Wechsel von den Ecken des Tisches auf deinen Ellbogen.

Dazu einige Beispielübungen:

1. Der Angreifer zieht mit seiner Vorhand auf deine Vorhand und wechselt ab und zu auf den Ellbogen. Du verteidigst alle Bälle mit der Vorhand auf die Vorhandecke.
2. Der Angreifer zieht aus seiner Vorhandseite parallel in deine Rückhand und wechselt ab und zu auf den Ellbogen. Du verteidigst von der Rückhandecke mit Rückhand, vom Ellbogen mit der Vorhand auf die Vorhandecke.
3. Der Angreifer zieht aus seiner Rückhandseite auf deine Rückhand und wechselt ab und zu auf den Ellbogen. Du verteidigst alle Bälle mit der Rückhand.
4. Der Angreifer zieht aus seiner Rückhandseite parallel in deine Vorhand und wechselt ab und zu auf den Ellbogen. Du verteidigst von der Vorhandecke mit der Vorhand, vom Ellbogen mit der Rückhand.
5. Der Angreifer zieht seine Topspins immer auf deinen Ellbogen. Du verteidigst über den ganzen Tisch und entscheidest dich bei jedem Schlag für die sinnvollere Lösung der Abwehr.
6. Der Angreifer zieht unmittelbar aus dem Schupf-Spiel auf deinen Ellbogen. Du mußt dich wieder für Vorhand- oder Rückhand-Abwehr entscheiden.

7. Wenn du die Verteidigung vom Ellbogen einigermaßen gut beherrschst, trainiere auch die Wechsel von deinem Ellbogen in die Ecken des Tisches, zum Beispiel: Wenn du vom Ellbogen mit der Vorhand abgewehrt hast, spielt der Angreifer den nächsten Ball in deine freie Vorhandseite, hast du von der Mitte mit der Rückhand gespielt, greift er in deine Rückhandseite an.

Stufe 5:
Unter der Voraussetzung, daß du mit einem Kombischläger spielst, trainierst du jetzt das Schlägerdrehen und die Abwehrschläge mit den verschiedenen Schlägerbelägen. Wie wir wissen, kannst du mit den langen Noppen bei der Abwehr von Topspinschlägen den Schnitt des Balles erheblich verstärken, so daß der Angreifer immer mehr Schwierigkeiten bekommt, seinen Angriff fortzusetzen. Damit die Ballwechsel von Beginn an mit viel Rotation gespielt werden, solltest du beim Schupfen zunächst den Backside-Belag zu starkem Unterschnitt nutzen. Zieht der Angriffsspieler nun einen Topspin, wehrst du mit den langen Noppen ab. Seinen nächsten Topspin muß der Angreifer nun mehr aufwärts und mit noch mehr Spin ziehen, wodurch der Ball gleichzeitig weniger Geschwindigkeit erhält. Durch weitere Abwehrschläge mit den langen Noppen wird der Unterschnitt wahrscheinlich so stark, daß der Angreifer zum Schupfen gezwungen wird. Jetzt stehen dir zwei taktische Varianten zur Verfügung: Erstens kannst du, falls ein direkter Gegenangriff nicht möglich ist, wieder mit viel Schnitt mit dem Backside-Belag schupfen, und der Ballwechsel entwickelt sich wieder wie zuvor. Zweitens kannst du mit den langen Noppen schupfen. Dabei erhält dein Schupf-Ball keinen Unterschnitt, und für den Angreifer, der gerade vorher eventuell einige Topspins mit starker Aufwärtsbewegung gezogen hat, besteht jetzt die Gefahr, daß er mit einer gleichen Aufwärtsbewegung beim nächsten Topspin den Ball weit hinter den Tisch zieht. Sollte der Angriffsspieler deinen mit den Noppen geschupften Ball zurückschupfen, ist es gut möglich, daß wegen des dann fehlenden Unterschnitts dessen Ball zu hoch kommt und du eine gute Chance zum Angriff erhältst.
Falls du bisher mit den langen Noppen nur Rückhand-Schläge gespielt hast, sollst du nun die Vorhand-Abwehr mit den langen Noppen erlernen. Beachte, daß die Schlagbewegung etwas stärker durch den Ball nach vorn gehen muß als bei der Abwehr vergleichbarer Topspins mit dem Backside-Belag. Um einen maximalen Unterschnitt zu erzielen, mußt du die Bewegung schwungvoll mit ausgeprägtem Unterarm- und Handgelenkeinsatz ausführen.
Wenn du die Vorhand-Abwehr mit den langen Noppen beherrschst, lernst du zunächst das Schlägerdrehen in der regelmäßigen Situation:

Spieler A: (Angriffsspieler): Zieht Vorhand-Topspin abwechselnd in Vorhand und Rückhand, irgendwann zweimal auf dieselbe Stelle, dann ist freies Spiel.
Spieler B: (Abwehrspieler): Vorhand- und Rückhand-Abwehr, immer mit den langen Noppen.

Der nächste Schritt ist das Drehen des Schlägers in unregelmäßiger Situation:

Spieler A: (Angriffsspieler): Schupft ein- bis dreimal in Rückhand oder Vorhand und zieht dann Vorhand-Topspins unregelmäßig in Vorhand und Rückhand; irgendwann Stopball, dann ist freies Spiel.
Spieler B: (Abwehrspieler): Schupft mit dem Backside-Belag in die Rückhandhälfte und wehrt die Topspins mit den langen Noppen auf beide Ecken des Tisches ab.

Stufe 6:
Du hast nun die Grundlagen der Abwehrschläge trainiert, jetzt sollst du lernen, die vielen Variationsmöglichkeiten des Verteidigungsspiels mit einem Kombischläger in dein Spiel zu integrieren. Teste einmal aus, welche der folgenden Vorschläge in dein Spielsystem passen:
1. Offensiv-Schupf mit Backside und Noppen, sowohl mit der Vorhand als auch mit der Rückhand.
2. Rückhand-Abwehr mit dem Backside-Belag.
3. Rückhand-Block mit langen Noppen. Sehr wirksam ist dieser Block, wenn der Schläger im Balltreffpunkt ein wenig nach unten gezogen wird. Der Ball erhält viel Unterschnitt und verliert so viel Geschwindigkeit, daß er auf der Tischhälfte des Gegners fast stehenbleibt.
4. Rückhand- und Vorhand-Angriff mit den langen Noppen gegen Schupf-Bälle. Diese Bälle haben so gut wie keine Rotation und eine daher ungewohnt schwierig zu berechnende Flugbahn.
5. Rückhand-Topspin mit dem Backside-Belag.

Besonders die Angriffsschläge mit den langen Noppen sind technisch recht schwierig. Du mußt viel Training investieren, bis du sie sicher beherrschst. Hinzu kommt, daß bei einem größeren Spektrum an unterschiedlichen Schlägen es immer schwieriger wird, in den jeweiligen Situationen den taktisch richtigen Schlag zu spielen. Du mußt also immer mit größter geistiger Aufmerksamkeit trainieren. Dennoch wird es lange dauern, bis man ein solch variables Abwehrspiel-System «im Griff» hat; sicher wesentlich länger, als ein etwa gleich erfolgreicher Angriffsspieler zu werden.

BLOCK

Der Block ist eine Schlagtechnik, mit der die Angriffsspieler gegnerische Topspins retournieren. In seiner Grundform ist er eine defensive Technik, der Schläger wird bei stark geschlossenem Schlägerblatt gegen den ankommenden Ball gehalten. Für den eigenen Schlag wird die Geschwindigkeit und die Rotation des ankommenden Balles genutzt. Grundsätzlich zieht der mit Topspin geschlagene Ball – in Abhängigkeit von seiner Rotation – vom Schläger des Blockers nach oben. Daher muß der Schlägerwinkel exat der Vorwärtsrotation des Balles angepaßt werden. Der Balltreffpunkt ist unmittelbar nach dem Aufsprung des Balles beim Rückhand-Block vor dem Körper, beim Vorhand-Block schräg vor dem Körper. Da der mit Vorwärtsrotation geschlagene Ball beim Aufsprung noch einmal beschleunigt wird, muß die Ausholbewegung zum Block aus der Neutralposition nicht nach hinten, sondern in gleicher Richtung wie der Schlag dem Ball entgegengehen. Die eigentliche Schlagbewegung ist sehr kurz, beim «passiven» Block kann der Schläger im Balltreffpunkt sogar ohne Vorwärtsbewegung sein. Das heutige Tischtennisspiel erfolgreicher Angriffsspieler ist charakterisiert durch die Fähigkeit, sich mit Blockbällen zu verteidigen. Die variablen Aufschläge guter Spieler bringen den Rückschläger oft in Situationen, in denen er mit schnellen Topspins konfrontiert wird. Wer diese nicht blocken kann, ist verloren.
Entscheidend für ein gutes Blockspiel ist weniger die Schlagtechnik als die Wahrnehmungs-, Reaktions- und Antizipationsfähigkeit; denn zuerst muß der Blockspieler überhaupt in der Lage sein, mit seinem Schläger an die schnellen Angriffsschläge heranzukommen. Daher wird das Blocken immer unregelmäßig trainiert, sobald die Technik einigermaßen beherrscht wird.
Der passive Block vergangener Tage ist heute nicht mehr alleinige Blocktechnik. Gute Spieler variieren die Geschwindigkeit ihrer Blocks durch mehr oder weniger ausgeprägte Vorwärtsbewegung des Schlägers im Balltreffpunkt, oder sie geben ihren Blocks durch entsprechende tangentiale Schlagbewegungen Unter-, Seiten- oder noch stärkeren Oberschnitt. Mit solchen Variationen und guter Plazierung des Balles kann man aus der defensiven Blocksituation in eine offensive Spielsituation gelangen und damit den Gegner unter Druck setzen.

Vorhand-Block

Ausholphase:
- Leicht seitliche VH-Stellung!
- Keine Ausholbewegung nach hinten,

Schlag-/ Treffphase:
- Halte den Schläger im Balltreffpunkt mit fixiertem Handgelenk «hin», und lasse den Ball «abtropfen»!

Ausschwungphase:
- Eigentlich keine, da der Schläger ja nur hingehalten wird!

Vorhand-Block 107

- Schläger wird nur zum erwarteten Balltreffpunkt geführt!
- Schlagarm gebeugt!
- Körpergewicht auf beiden Füßen!

- Schlägerblatt um so geschlossener, je mehr Oberschnitt im ankommenden Ball ist!
- Triff den Ball schräg vor dem Körper!

- Aber: Schnell zurück in die Neutralposition!

Rückhand-Block

Ausholphase:
- Frontale RH-Stellung!
- Keine Ausholbewegung nach hinten, Schläger wird nur zum erwarteten Balltreffpunkt geführt!

Schlag-/Treffphase:
- Halte den Schläger im Balltreffpunkt mit fixiertem Handgelenk «hin», und lasse den Ball «abtropfen»!
- Schlägerblatt um so geschlos-

Ausschwungphase:
- Eigentlich keine, da der Schläger ja nur hingehalten wird!

Rückhand-Block 109

- Schlagarm gebeugt!
- Körpergewicht auf beiden Füßen!

sener, je mehr Oberschnitt im ankommenden Ball ist!
- Triff den Ball vor dem Körper!

Aber: Schnell zurück in die Neutralposition!

Varianten

Stop-Block

Mit dieser Variante soll dem ankommenden Ball soviel Tempo wie möglich genommen werden. Der Ball soll so kurz hinter dem Netz aufspringen, daß der Angreifer keinen weiteren Topspin mehr ziehen kann. Besonders sinnvoll ist dieser Schlag gegen Spieler, die aus großer Distanz zum Tisch ihre Topspins ziehen. Der Schläger muß sehr locker gehalten werden, damit er beim Aufprall des Balles nach hinten ausweichen kann. Allein dadurch verliert der Ball schon sehr viel Geschwindigkeit. Zusätzlich kann der Schläger im Balltreffpunkt leicht nach hinten gezogen werden. Für diese kleine Rückwärtsbewegung des Schlägers ist das richtige Timing das größte Problem, so daß ein großer Trainingsaufwand erforderlich ist.

Unterschnitt-Block

Wer den Stop-Block beherrscht, kann sich an diese ähnlich anspruchsvolle Blocktechnik heranwagen. Der Schläger wird hier im Balltreffpunkt ein wenig abwärts bewegt, was dem Ball eine mehr oder weniger starke Rückwärtsrotation gibt. Dadurch wird die Flugbahn nach dem Aufsprung auf der gegnerischen Tischhälfte noch kürzer, der Ball würde vielleicht noch ein- oder zweimal aufspringen, wenn er nicht angenommen wird. Auf einen gut gelungenen Unterschnitt-Block einen weiteren Topspin zu ziehen ist normalerweise nicht mehr möglich. Um dem Ball ausreichend Unterschnitt zu geben, muß der Spieler das Schlägerblatt ungefähr senkrecht zur Tischoberfläche stellen. Dadurch besteht die Gefahr, daß der Ball zu hoch abspringt. Gutes Timing, erstklassiges Ballgefühl und das sichere Auge, die Rotation des ankommenden Balles richtig einzuschätzen, sind unabdingbare Voraussetzungen für diese schwierige Schlagtechnik.

Seitenschnitt-Block

Wird der Schläger beim Blocken im Balltreffpunkt leicht nach links oder rechts geführt, erhält der Ball Seitenschnitt: Geht die Schlagbewegung von links nach rechts, dreht sich der Ball nach links. Bei umgekehrter Schlagbewegung ist die Flugkurve des Balles nach rechts gekrümmt. Durch die zur Flugbahn des Balles in etwa senkrecht verlaufende Schlagbewegung wird dem Ball viel Geschwindigkeit genommen, so daß er bei einem gelungenen Schlag nur knapp hinter dem Netz aufspringen wird. Werden diese Blocks mit Seitenschnitt nach außen nah an die Seitenlinien des Tisches plaziert, muß sich der Rückschläger aus einer zentralen Tischposition weit in die Flanken bewegen und dadurch die jeweils andere Seite gefährlich weit öffnen.

Topspin-Block

Diese Schlagtechnik eignet sich besonders dafür, aus der defensiven Blocksituation in die Offensive umzuschalten. Durch eine kleine Topspinbewegung, die hauptsächlich mit dem Handgelenk ausgeführt wird, kann das Tempo des ankommenden Balles für den eigenen Schlag erhöht werden. Im Vergleich zum passiven Block hat der Topspinspieler nun wesentlich weniger Zeit, seinen nächsten Schlag vorzubereiten und durchzuführen. Da der Topspin-Block prinzipiell ein tangentialer Schlag mit Oberschnitt ist, ist die Flugkurve etwas stärker nach oben gekrümmt als bei der Grundform des passiven Blocks. Daher ist die Gefahr, daß der Ball ins Netz fliegt, relativ gering, obwohl der Balltreffpunkt in der aufsteigenden Phase noch unter Netzhöhe liegt.

In taktischer Hinsicht kann der Topspin-Block dann sehr erfolgversprechend sein, wenn der Gegner einen nicht zu schnellen, berechenbaren Topspin zieht. Dies geschieht häufig, wenn man selbst zuvor einen gut plazierten, stark unterschnittenen Offensiv-Schupf gespielt hat. Wie bei allen Block-Varianten sind jedoch auch beim Topspin-Block die Wahrnehmungs-, Reaktions- und Antizipationsfähigkeit von größter Bedeutung. Bei jeder Block-Variante ist darauf zu achten, daß die Ausholbewegung nie nach hinten, sondern grundsätzlich dem ankommenden Ball entgegengeht.

Trainingsprogramm

Die Grundform des Blockens ist eine vergleichsweise einfache Schlagtechnik, die sich schneller erlernen läßt als die meisten anderen Schläge. Daher wird der Wechsel vom regelmäßigen zum unregelmäßigen Training viel früher vollzogen als zum Beispiel beim Topspin. Auf diese Weise werden die wichtigsten Voraussetzungen für ein sicheres Blockspiel – die Wahrnehmung, Reaktion und Antizipation – vorrangig verbessert. Beim Training des Blocks ist es von großer Bedeutung, ständig gegen andere Partner zu spielen, damit du lernst, gegen unterschiedlichste Topspins deinen Schlägerwinkel immer richtig anzupassen. Achte darauf, daß die gesamte Bewegung zwar schnell, aber so ruhig wie möglich ist. Auch gegen schnellste Topspins darfst du nicht hastig in deinen Bewegungen werden, weil du sonst die Kontrolle über den richtigen Schlägerwinkel und die Schlaghärte leicht verlieren kannst. Bleibst du beim Blockspiel in der defensiven Situation, so daß du nicht weißt, wohin der Gegner seinen nächsten Ball plazieren wird, ist es von größter Wichtigkeit, nach jedem Block mit dem Schläger wieder in die Neutralposition zurückzukehren. So kannst du zum nächsten Block schnell in alle Richtungen reagieren.

Stufe 1:
Zunächst lernst du die Grundform des Blockens in regelmäßiger Situation. Achte von Beginn an darauf, den Ball möglichst früh nach dem Aufsprung zurückzuspielen. So nutzt du das Tempo des ankommenden Balles für deinen eigenen Schlag, und du brauchst nur noch den richtigen Schlägerwinkel für deinen Schlag zu finden. Versuche auch, die Rotation des ankommenden Topspins zu «lesen»: Achte auf den Handgelenkeinsatz deines Gegners und das Schlaggeräusch. Ist dieses sehr leise, wird der Topspin viel Effet haben. Dann mußt du deinen Schläger stark schließen.

Sobald du in der Lage bist, auf eine Seite plazierte Bälle sicher zu blocken, solltest du das Blocken nur noch kombiniert trainieren, damit die Wechsel von Vorhand zu Rückhand und umgekehrt so schnell wie möglich ablaufen.

Einige Beispielübungen:
1. Der Partner zieht einen Vorhand-Topspin aus seiner Vorhandecke in deine Vorhand. Du blockst mit der Vorhand. Ab dem fünften Topspin zieht er irgendwann in deine Rückhand, dann ist freies Spiel. Die Möglichkeit des unregelmäßig zugespielten Balles soll deine Aufmerksamkeit beim Blocken erhöhen und dich zwingen, nach jedem Schlag mit dem Schläger in die Neutralposition zu kommen.
Entsprechend trainierst du den Rückhand-Block sowie Vorhand- und Rückhand-Block gegen parallel zugespielte Topspins.
Die nächste Trainingsform sind regelmäßig-kombinierte Übungen, in denen du mit Vorhand und Rückhand blockst.
2. Der Partner zieht einen Vorhand-Topspin abwechselnd in deine Vorhand- und Rückhandecke. Du blockst mit Vorhand und Rückhand in die Tischmitte.
Irgendwann zieht der Partner zweimal auf dieselbe Ecke, dann ist freies Spiel.
3. Der Partner zieht einen Vorhand- und einen Rückhand-Topspin diagonal. Du blockst mit Vorhand und Rückhand parallel.
Irgendwann zieht er parallel, dann ist freies Spiel.

Stufe 2:
In dieser Trainingsstufe trainierst du die Technik des Blockens in teilweise schon unregelmäßiger Situation. Achte darauf, daß die Bewegungen nie hastig,

sondern immer zwar schnell, aber so ruhig wie möglich bleiben sollen. Du kannst jetzt auch schon versuchen, die Blocks unterschiedlich hart zu spielen. Du variierst zwischen passiven «Halte»-Blocks und aktiven «Konter»-Blocks.

Zwei Beispielübungen:
1. Der Partner zieht immer einen oder zwei Bälle auf die Ecken des Tisches. Du blockst mit Vorhand und Rückhand in die Vorhandhälfte.
   Irgendwann zieht der Partner dreimal auf dieselbe Ecke, dann ist freies Spiel.
2. Der Partner zieht ein- bis dreimal in deine Vorhand und einmal in die Rückhand usw. Du blockst mit der Vorhand in die Vorhandecke, mit der Rückhand in die Tischmitte.
   Irgendwann zieht der Partner zweimal in die Rückhand, dann ist freies Spiel.

Stufe 3:
Von dieser Trainingsstufe an sollst du lernen, den Block taktisch so einzusetzen, daß du aus der defensiven Situation in eine offensive umschalten kannst. Das bedeutet, daß dir in den Trainingsübungen die Bälle regelmäßig oder halbregelmäßig zugespielt werden, du jedoch deinem Partner irgendwann einen unregelmäßigen Ball zuspielst, mit dem du selbst die Initiative für den weiteren Verlauf des Ballwechsels übernehmen sollst. Weiterhin trainierst du die Vorhand-Rückhand-Entscheidung bei Topspins, die auf deinen Ellbogen gezogen werden.

Zwei Beispielübungen:
1. Du blockst in die Vorhandhälfte, der Partner zieht immer ein- oder zweimal auf deine Ecken.
   Irgendwann blockst du in die Rückhand, dann ist freies Spiel. Denke daran, selbst sofort anzugreifen, wenn der Partner nicht in der Lage ist, den unregelmäßig zugespielten Ball aggressiv zu spielen.
2. Du blockst in die Tischmitte. Der Partner zieht abwechselnd auf deinen Ellbogen und auf eine Ecke des Tisches, und zwar, wenn du vom Ellbogen mit der Rückhand geblockt hast, in die Vorhandecke, wenn du vom Ellbogen mit der Vorhand geblockt hast, in die Rückhandecke usw.
   Irgendwann blockst du in eine der Flanken, dann ist freies Spiel, in dem du sofort versuchst, die Initiative zu ergreifen.

Stufe 4:
Von nun an trainierst du den Block in seiner Grundform nur noch unregel-

mäßig, um deine Antizipationsfähigkeit dem immer höheren Spieltempo anzupassen. Das unregelmäßige Blocken fällt dir leichter, wenn du von Anfang an darauf geachtet hast, zwischen den Schlägen mit dem Schläger in die Neutralposition zurückzukehren. Zu Beginn des unregelmäßigen Blocktrainings soll dir der Trainingspartner die Bälle in reduziertem Tempo – jedoch möglichst nie auf deinen Schläger – zuspielen. Mit Verbesserung der Blockfähigkeit kann das Tempo der Topspins gesteigert werden. Die Temposteigerung soll dabei auf zwei Wegen erfolgen: erstens durch kontinuierliche Steigerung innerhalb der Ballwechsel und zum zweiten durch einen unerwarteten, sehr schnellen Topspin nach einer Serie langsamer Schläge. Des weiteren kann jetzt der Aufschlag sehr gut in die Übungen des Blocktrainings einbezogen werden.

Einige Beispielübungen:
1. Du blockst auf zwei Drittel der Tischbreite in die Vorhandseite des Partners. Dieser zieht Vorhand-Topspins mit ungefähr 60 % seiner maximalen Geschwindigkeit unregelmäßig über den ganzen Tisch. Irgendwann blockst du in die Rückhand, dann ist freies Spiel, in dem du die Initiative übernehmen sollst.
2. Du blockst in die Tischmitte. Der Partner zieht unregelmäßig auf beide Ecken. Er beginnt mit ungefähr 60 % seiner maximalen Geschwindigkeit und steigert das Tempo seiner Topspins nach und nach bis 100 %.
3. Du blockst auf zwei Drittel der Tischbreite in die Rückhandseite des Partners. Dieser zieht mit Rückhand und Vorhand langsam und unregelmäßig auf die Ecken und irgendwann mit maximaler Geschwindigkeit auf deinen Ellbogen. Dann ist freies Spiel.
4. Der Partner macht einen kurzen Aufschlag, du schupfst auf seinen Ellbogen zurück; er zieht einen Topspin in Rückhand oder Vorhand. Du versuchst, ihn mit einem plazierten Block in die Defensive zu drängen, und setzt dann frei und konsequent nach.
5. Du machst einen langen, schnellen Aufschlag in die Vorhand oder auf den Ellbogen des Partners. Dieser zieht einen Vorhand-Topspin in Vorhand oder Rückhand. Du blockst nach Aufschlag in Vorhand in die Rückhand, nach Aufschlag auf den Ellbogen in die Vorhand, dann ist freies Spiel.

Stufe 5:
Wenn du jetzt in der Lage bist, dich mit sicherem Blockspiel zu verteidigen, und auch das Blocken schon zum Umschalten in den Angriff nutzen kannst, solltest du nun die schwierigen Varianten des Blocks erlernen. Damit erhältst du weitere technische Mittel, die dein taktisches Repertoire erweitern und dir gegen verschiedenste Spielertypen helfen können. Den Topspinspieler aus der großen

Distanz kannst du mit Stop-Blocks zum Tisch holen. Angreifer mit schlechter Beinarbeit werden mit Seitenschnitt-Blocks weit nach außen Schwierigkeiten bekommen. Topspinspieler mit stereotypen, unangepaßten Schlagbewegungen können auf temposteigernde Topspin-Blocks vielleicht nicht adäquat reagieren. Alle diese Varianten lernst du zunächst in regelmäßiger Situation, wie du ganz zu Beginn die Grundform des Blockens trainiert hast.

Zwei Beispielübungen:
1. Du blockst in die Rückhandhälfte des Partners. Dieser zieht einen Vorhand- oder Rückhand-Topspin in die Rückhand, den vierten Topspin in die Vorhand. Diesen beantwortest du mit einem Topspin-Block in Vorhand oder Rückhand, dann ist freies Spiel.
2. Du blockst in die Vorhandhälfte des Partners. Dieser zieht zweimal in Rückhand, einmal in Vorhand, dann einmal in Rückhand. Den dritten Topspin blockst du aktiv in die weite Vorhand, den vierten als Stop-Block in die Rückhand, dann ist freies Spiel.

Stufe 6:
Hier versuchst du, alle Möglichkeiten des Blockspiels taktisch sinnvoll einzusetzen. Der Partner spielt dir die Bälle grundsätzlich unregelmäßig zu. Solche Übungen kannst du gut in Wettkampfform trainieren, in denen du dem Gegner die Chance zum ersten Topspin gibst: Spielt freie Sätze, wobei der Blockspieler mit langem Aufschlag beginnt, den der Gegner sofort ziehen kann; oder der Topspinspieler schlägt kurz auf, und der Blockspieler schupft lang. Versuche als Blockspieler zunächst, den Block «dichtzumachen» und aufmerksam und zur Not geduldig die richtige Situation zu erkennen, in der du auf Offensive umschalten kannst, sei es durch cleveres Ausplazieren oder durch Tempo- und Schnittwechsel beim Blocken.

FLIP

Der Flip ist eine offensive Schlagtechnik, um auf kurz hinter das Netz plazierte Schupf-Bälle oder auf kurze Aufschläge in den offenen Angriff zu kommen. Da der Spieler den Schlagarm nach vorn strecken muß, um diese kurzen Bälle überhaupt erreichen zu können, ist ein ausgeprägter Handgelenkeinsatz für das Gelingen dieser Technik unbedingte Voraussetzung. In seiner Grundform ist der Flip nicht sehr schwierig. Du mußt jedoch in taktischer Hinsicht beachten, daß ein langsamer und schlecht plazierter Flip dem Gegner eine gute Chance eröffnet, selbst die Initiative zu ergreifen. Daher sollte der Flip immer möglichst hart, sehr nah an die Grundlinie oder weit nach außen gespielt werden.
Bei der Annahme des gegnerischen Aufschlages kann der Flip zu einem großen Risiko werden, wenn du den Schnitt nicht richtig einschätzen kannst. In diesem Falle wäre es beispielsweise günstiger, den Aufschlag zuerst kurz zurückzuschupfen. Wenn der Gegner dann ebenfalls kurz schupft, kannst du wegen des besser einzuschätzenden Rotationsverhaltens des Balles mit geringerem Fehlerrisiko flippen.
Bei der Rückgabe des Aufschlages mit dem Flip wird ersichtlich, daß es zwei verschiedene Flips gibt: erstens den tangential geschlagenen Topspin-Flip, der gegen unterschnittene Aufschläge und Schupf-Bälle eingesetzt wird, und zweitens den zentral geschlagenen Schuß-Flip gegen Aufschläge mit Seiten- oder Oberschnitt sowie gegen Aufschläge und Schupf-Bälle, die ohne Rotation gespielt werden. Damit du dich für den richtigen Flip entscheidest, ist es notwendig, den Schnitt des Aufschlages sicher zu erkennen; andernfalls wird der Flip zum Lotteriespiel.
Prinzipiell ist der Topspin-Flip nichts anderes als ein normaler Topspin. Der Unterschied besteht in der viel kürzeren Ausholbewegung, die nach unten durch die Tischoberfläche eindeutig begrenzt wird. Daher muß der Handgelenkeinsatz um so kräftiger sein. Das Anwinkeln des Unterarmes während der Schlagphase unterstützt die Wirkung des Topspin-Flips.
Der Schuß-Flip unterscheidet sich vom Konter oder Schmetterball durch die fehlende Rumpfdrehung und Körpergewichtsverlagerung und die geringere

Einsatzmöglichkeit des Unterarms, die aber auch hier durch den ausgeprägten Handgelenkeinsatz kompensiert werden.
Beiden Flips ist gemein, daß die Ausholbewegung nicht nach hinten, sondern nach vorn in Richtung des erwarteten Ballaufsprunges geht. Gleichzeitig geht wie bei allen kurz hinter das Netz plazierten Bällen der rechte Fuß nach vorn unter den Tisch.
Die Schlägerhaltung beim Flippen sollte sehr locker sein, wodurch ein Gleiten des Schlägergriffes ermöglicht wird. Ein leichter Vorhand-Griff erleichtert beide Varianten des Vorhand-Flips; der leichte Rückhand-Griff beide Rückhand-Flip-Varianten.
In taktischer Hinsicht eignet sich der Einsatz des Flips besonders für Spieler, die nicht gerne viel Rotation in den Ballwechseln haben, sondern lieber schnelle Konterduelle austragen, weil gegen den Oberschnitt des Flips nicht so stark rotierende Topspins möglich sind wie gegen unterschnittene Bälle. Im Gegensatz dazu sollte der Spieler, für den viel Rotation vorteilhaft ist, hauptsächlich mit viel Unterschnitt schupfen und den Flip lediglich als Variante einsetzen.

Vorhand-Flip gegen Unterschnitt

(siehe Abbildungen Seite 118/119)

Rückhand-Flip gegen Unterschnitt

(siehe Abbildungen Seite 120/121)

Varianten

Prinzipiell sind beim Topspin-Flip all die Variationsmöglichkeiten anzuwenden, die auch der Topspin bietet. Daher kann hier auf eine weitere Darstellung dieser Möglichkeiten verzichtet werden. Es ist allerdings zu berücksichtigen, daß wegen der stark verkürzten Ausholphase die Geschwindigkeit des Schlägers im Balltreffpunkt erheblich kleiner ist als beim Topspin. Daher sind die Effekte auf die Ballrotation auch entsprechend geringer: Ein mit – gleich welcher – Rotation geschlagener Flip wird nie die gleiche Rotationsgeschwindigkeit erreichen wie ein Topspin oder Sidespin.

Vorhand-Flip gegen Unterschnitt

Ausholphase:
– Ausfallschritt mit rechtem Bein nach vorn!
– Schläger nach vorn zum Ball!

Schlag-/ Treffphase:
– «Reiße» den Ball aus dem Handgelenk mit Unterstützung des Unterarms explosiv nach oben

Ausschwungphase:
– Schlagarm schwingt bis zur Körpermitte aus!

Vorhand-Flip gegen Unterschnitt 119

- Schlagarm fast gestreckt!
- Oberkörper nach vorn zum Ball gebeugt!
- Körpergewicht auf vorderem Fuß!

(tangentiales Treffen)!
- Triff den Ball über dem Tisch in der steigenden Flugphase!

- Körperbewegung auf vorderem Fuß abfangen!

Rückhand-Flip gegen Unterschnitt

Ausholphase:
- Ausfallschritt mit rechtem Bein nach vorn!
- Schläger nach vorn zum Ball!

Schlag-/ Treffphase:
- «Reiße» den Ball aus dem Handgelenk mit Unterstützung des Unterarms explosiv nach vorn-oben (tangentiales Treffen)!

Ausschwungphase:
- Strecke den Schlagarm nach rechts bis in Höhe der Schlagarmschulter!

Rückhand-Schnitt gegen Unterschnitt 121

- Schlagarm leicht gebeugt!
- Oberkörper nach vorn zum Ball gebeugt!
- Körpergewicht auf vorderem Fuß!

- Triff den Ball über dem Tisch in der steigenden Flugphase!

- Körperbewegung auf vorderem Fuß abfangen!

Trainingsprogramm

Wenn allein der Bewegungsablauf der beiden verschiedenen Flips betrachtet wird, ist das Erlernen dieser Schlagtechniken nicht schwieriger als die übrigen Grundschläge. Lediglich dem verstärkten Handgelenkeinsatz kommt wie bei allen über dem Tisch gespielten Techniken besondere Bedeutung zu. Was den erfolgreichen Einsatz des Flips jedoch erschwert, ist die Tatsache, daß vor dem Schlag verschiedene Entscheidungen richtig zu treffen sind:

Erstens: Nehme ich den Ball mit der Rückhand oder mit der Vorhand an? Dies läßt sich situationsbedingt entscheiden, weil bei den langsam zugespielten Bällen genügend Zeit zur Verfügung steht.

Zweitens: Ist der erwartete Ball so kurz, daß über dem Tisch geflippt werden muß, oder ist er etwa so lang, daß man einen Topspin ziehen kann? Besonders bei halblangen Bällen, deren gedachter zweiter Aufsprung auf der eigenen Tischhälfte in der Nähe der Grundlinie ist, kann die Entscheidung schwierig werden. Da die Ausholbewegung beim Flip nach vorn zum Ball geht, beim Topspin jedoch nach hinten und unten, zwingt eine falsche Entscheidung zu einem improvisierten Schlag, bei dem das Fehlerrisiko groß ist.

Drittens: Welchen Schnitt hat der ankommende Ball? Speziell beim Aufschlag, dessen Schlagbewegung und Balltreffpunkt geschickte Spieler hinter der Schulter «verstecken» können, ist die Entscheidung, ob Topspin-Flip oder Schuß-Flip gespielt werden muß, sehr schwierig. Im Zweifelsfall birgt ein langer Schupf-Ball weniger Risiko als ein Flip.

Diese Erkenntnisse zeigen, daß beim Training des Flips bald nach Erlernen der Grundtechnik wettkampfnahe Übungen gespielt werden müssen, bei denen die für das Gelingen des Schlages notwendige Wahrnehmungsfähigkeit bewußt mittrainiert wird.

Stufe 1:

Zuerst lernst du die Grundtechniken Topspin-Flip und Schuß-Flip mit der Vorhand und der Rückhand. Die ersten Übungen sind regelmäßig, damit du dich voll auf die Ausführung der richtigen Schlagtechnik konzentrieren kannst. Du mußt jedoch immer darauf achten, daß du jeden Flip aus der Grundstellung heraus spielst. Du mußt dich zu jedem kurzen Ball nach vorn bewegen. Solltest du beim Training des Flips zu nah am Tisch stehen, kann es sehr schwierig werden, überraschend lang plazierte Bälle sicher zu retournieren. Um diesem Problem vorzubeugen, muß dir dein Trainingspartner daher immer dann einen langen Ball zuspielen, wenn er deine zu tischnahe Position erkennt.

Zum Erlernen des Vorhand-Topspin-Flips spielt dir dein Trainingspartner kurze unterschnittene Aufschläge in deine Vorhandhälfte zu. Wenn du in der

Lage bist, diese Aufschläge sicher diagonal zu flippen, kann diese Übung mit den schon bekannten Schlägen fortgesetzt werden, zum Beispiel:

Spieler A: Kurzer Unterschnitt-Aufschlag in Vorhand.
Spieler B: Vorhand-Topspin-Flip diagonal.
Spieler A: Vorhand-Topspin parallel.
Spieler B: Rückhand-Block diagonal.
Spieler A: Rückhand-Topspin parallel, dann ist freies Spiel.

Als nächstes lernst du den Rückhand-Topspin-Flip auf dieselbe Art und Weise, dann den Schuß-Flip mit Vorhand und mit Rückhand.

Stufe 2:
Ein Flip kann nicht immer hart geschlagen werden. Daher mußt du besonderen Wert auf eine optimale Plazierung legen, sonst eröffnet sich dem Gegner eine gute Möglichkeit zum Angriff. Wenn du beide Flips diagonal spielen kannst, lerne als nächstes, sie parallel und auf den Ellbogen des Gegners zu spielen. Der parallele Vorhand-Flip ist einfacher zu spielen, wenn du den Schlägergriff zu einem leichten Vorhand-Griff gleiten läßt. Sehr wichtig ist es, den Flip lang spielen zu können; er soll möglichst auf der Grundlinie des Gegners aufspringen. Besonders nach dem Aufschlag, wenn dein Gegner eine tischnähere Position hat, kannst du ihn mit einem lang plazierten Flip, der noch nicht einmal sehr hart sein muß, in große Schwierigkeiten bringen. Versuche auch, den Ball so zu plazieren, daß er weit nach außen über die Seitenlinien hinausspringt. Damit kannst du den Gegner zwingen, eine Seite des Tisches gefährlich weit zu öffnen. Kleine Zielpunkte wie Bierdeckel, Filmdosen oder Ballschachteln erleichtern dir im Training die Plazierung.

Wenn du nun Trainingsübungen spielst, in denen die präzise Plazierung deiner Flips im Vordergrund steht, sollen diese zunächst noch regelmäßig mit unterschnittenen oder überschnittenen Aufschlägen beginnen; aber sie sollen dann so aufgebaut sein, daß du dir mit dem Flip für den weiteren Verlauf des Ballwechsels einen Vorteil verschaffst.

Eine Beispielübung:
Aufschläger: Kurzer Unterschnitt-Aufschlag in die Rückhand. (Manchmal langer Aufschlag in die Vorhand, dann sofort freies Spiel.)
Rückschläger: Rückhand-Topspin-Flip in Rückhand oder Vorhand.
Aufschläger: Rückhand- oder Vorhand-Topspin in die Vorhand.
Rückschläger: Gegentopspin, Block, Konter oder Schuß überall, dann ist freies Spiel.

Stufe 3:
Jetzt lernst du den Flip aus dem «Kurz-kurz-Spiel». Du mußt entscheiden, ob du mit Vorhand oder Rückhand flippst. Prinzipiell spielt der Partner kurz hinter das Netz plazierte Bälle über die gesamte Breite des Tisches, und du suchst dir den richtigen Ball für einen Flip mit Vorhand oder Rückhand aus.

Eine Beispielübung:

Aufschläger:	Kurzer Aufschlag mit Unterschnitt. (Manchmal langer Aufschlag, dann sofort freies Spiel.)
Rückschläger:	Schupft kurz zurück.
Beide:	Spielen kurze Schupfbälle.
Aufschläger:	Flippt mit Vorhand oder Rückhand auf den Ellbogen des Partners, dann ist freies Spiel.

Beachte, daß bei Übungen mit Kurz-kurz-Spiel immer die Gefahr besteht, daß man nach dem Return eines kurzen Balles zu nah am Tisch stehenbleibt. Damit dieser Fehler sich nicht in das Spiel einschleicht, soll gelegentlich ein langer Schupf-Ball gespielt werden, und zwar möglichst immer dann, wenn man sieht, daß der Partner/Gegner zu nah am Tisch steht. Nach diesem überraschend langen Schupf-Ball ist immer freies Spiel.

Stufe 4:
In dieser Trainingsstufe lernst du, situationsgerecht zu entscheiden, ob du den Topspin-Flip oder den Schuß-Flip spielen kannst. Du mußt also in der Lage sein, den Schnitt des gegnerischen Aufschlages richtig zu erkennen. Achte auf die Bewegungsrichtung des Schlägers im Balltreffpunkt, den Schlägerwinkel, den Handgelenkeinsatz des Gegners und die Flugkurve des Balles.
Zunächst spielt der Partner nur kurze Aufschläge in deine Vorhand, jedoch immer mit unterschiedlicher Rotation. Wenn du Unterschnitt erkennst oder der Ball nur eine sehr flache Flugkurve nach dem Aufsprung hat, spielst du den Topspin-Flip. Hat der Aufschlag keinen Unterschnitt und ist der höchste Punkt seiner Flugkurve nach dem Aufsprung auf deiner Tischhälfte deutlich höher als das Netz, spielst du den Schuß-Flip. Anschließend lernst du entsprechend mit der Rückhand zu flippen. Danach werden die Aufschläge über die gesamte Tischbreite plaziert, so daß du auch noch entscheiden mußt, mit welcher Schlägerseite du flippst.
Besonders bei guten Aufschlägern ist die Rotation des Balles nur sehr schwierig zu erkennen. Du brauchst Geduld und sehr viel Training, bis du mit dem Flip bei der Aufschlag-Rückgabe mehr Punkte als Fehler machst. Versuche, so oft wie möglich gegen die besten Aufschlagspieler zu trainieren, und wechsele

häufig die Trainingspartner, damit du dich immer wieder auf andere Aufschlagvarianten einstellen mußt. Die Rückgabe eines jeden Aufschlages erfordert höchste Konzentration. Die Trainingsübungen in dieser und in den beiden folgenden Stufen werden ähnlich aufgebaut wie in der vorangehenden Stufe. Sie sollten immer so verlaufen, daß der Spieler, der den Flip einsetzt, sich mit diesem auch einen Vorteil erspielt.

Stufe 5:
Diese Trainingsstufe hat die Entscheidung «Flip oder Topspin» zum Schwerpunkt. In der Regel spielt der Trainingspartner kurze Aufschläge, gelegentlich aber auch «halblange». Dies sind Aufschläge, deren zweiter Aufsprung auf deiner Tischhälfte ungefähr auf der Grundlinie läge, wenn du sie nicht annehmen würdest. Die Länge des Aufschlages richtig zu erkennen ist sehr wichtig, weil die Ausholbewegungen zu Flip oder Topspin grundverschieden sind. Auf einen kurzen Aufschlag spielst du einen Flip, auf einen langen einen Topspin. Ist der Aufschlag wirklich präzise halblang, mußt du sehr genau beobachten, ob es möglich ist, Topspin zu ziehen. Oft mißglücken diese Versuche. Schon etliche Schläger sind dabei zu Bruch gegangen. Spieler haben sich Verletzungen an der Schlaghand zugezogen, weil sie ungestüm gegen die Tischkante schlugen. Bist du dir also nicht sicher, ob du den Ball anziehen kannst, ist es besser, einen Flip oder sogar einen Schupf-Ball zu spielen. Der fortgeschrittene Spieler kann einmal versuchen, beim Flip gegen halblange Aufschläge den Schläger ein wenig aus der Hand gleiten zu lassen, um ihn näher am Ende des Griffes locker zu fassen. Auf diese Weise ist eine optimale Handgelenkbeweglichkeit zu nutzen, so daß knapp über der Tischkante ein Topspin mit sehr kurzer Ausholphase gespielt werden kann.

Stufe 6:
Nachdem die Grundformen der verschiedenen Flips in unterschiedlichsten Situationen trainiert worden sind, sollen in dieser Trainingsstufe einige Varianten erlernt werden. Diese sind Schläge mit Vorwärts- und Seitwärtsrotation und im Prinzip mit dem Sidespin zu vergleichen. Wie auch bei den Grundformen des Flips ist wegen der kurzen Ausholbewegung der Handgelenkeinsatz von größter Bedeutung; zudem hilft das Schlägergleiten zu Rückhand- oder Vorhand-Griff bei den verschiedenen Varianten. Es gilt aber zu beachten, daß ein mit Seitenschnitt geschlagener Ball keine stark nach oben gekrümmte Flugbahn hat. Daher schließen sich die Varianten des Flips mit Sidespin gegen flache Aufschläge mit starkem Unterschnitt von vornherein aus: Diese würden zu oft im Netz landen. Die Seitenschnitt-Varianten des Flips haben in der Regel nur eine geringe Geschwindigkeit, so daß eine präzise Plazierung sehr wichtig ist.

Von der Tischmitte geschlagene Flips mit der Rückhand können für den Aufschläger sehr unangenehm sein, weil die große Bewegungsmöglichkeit des Handgelenks bei diesen Schlägen ermöglicht, lange offenzuhalten, wohin und mit welcher Rotation man den Ball spielen möchte. Dabei wird der Ball vor der rechten Hüfte, eventuell sogar noch etwas rechts von ihr getroffen, und er kann sowohl als Topspin-Flip, Schuß-Flip oder Sidespin-Flip mit seitlicher Rotation in beide Richtungen gespielt werden. Beim Sidespin-Flip mit Rotation nach rechts geht die Schlagbewegung tangential links am Ball vorbei nach vorn und oben. Dabei wird das Handgelenk wie ein Pendel eingesetzt. Soll der Ball Rotation nach links erhalten, streift der Schläger den Ball rechts von seinem Zentrum. Die Bewegung des Schlägers ähnelt der eines Scheibenwischers.

Ebenfalls von der Tischmitte und auch aus der Rückhandhälfte kann mit der Vorhand ein wirkungsvoller Sidespin-Flip mit Rotation nach rechts gespielt werden. Dazu wird der Schläger mit Vorhandgriff und starkem Handgelenkeinsatz von rechts nach links-vorn-oben geführt. Der Ball wird tangential links von seinem Zentrum getroffen. Auch diese Bewegung kann mit der eines Scheibenwischers verglichen werden, jetzt allerdings in der entgegengesetzten Richtung als beim letztbeschriebenen Sidespin-Flip mit der Rückhand.

BALLONABWEHR

Die spektakulärste Technik, die Tischtennis zu bieten hat, ist die Ballonabwehr. Es ist manchmal kaum zu glauben, wie die Spezialisten dieser Technik aus den äußersten Ecken der Box die härtesten Schmetterbälle auf den Tisch zurückbringen. Welche Faszination diese Technik ausübt, können wir besonders im freien Training Jugendlicher beobachten. Mit größter Begeisterung versuchen sie immer wieder, die fantastischen Verteidigungsqualitäten eines Grubba oder eines Waldner zu kopieren. Leider entgeht diesen jungen Spielern in ihrer Begeisterung oft die Tatsache, daß es meistens der Angriffsspieler ist, der die Punkte in diesen Ballwechseln gewinnt.
Die Situation der Ballonabwehr ergibt sich meistens dann, wenn der Gegner überraschend und hart in die freie Ecke des Tisches angreift. Dies kann passieren, wenn man die Rückhand zum Vorhandspiel umlaufen möchte, der Gegner diese Absicht frühzeitig erkennt und dann hart in die weite Vorhand spielt. Um diesen Ball überhaupt noch erreichen zu können, muß man sich schnell nach hinten und in die Vorhand bewegen; eine andere Möglichkeit als die Ballonabwehr besteht dann oft nicht mehr. Gelingt dieser Abwehrschlag gut, hat man wieder etwas mehr Zeit, eine gute Position für den weiteren Verlauf des Ballwechsels einzunehmen. Grundsätzlich kann man feststellen, daß die Ballonabwehr nur eine Lösung sein sollte, eine taktische Notlage – wenn auch nur mit relativ geringen Aussichten auf Erfolg – meistern zu können. Wir warnen eindringlich davor, sich freiwillig in diese Lage zu bringen.
Bei der Ballonabwehr soll der Ball hoch über das Netz und nah an die Grundlinie des Gegners plaziert werden, weil er dann schwieriger anzugreifen ist als ein kurz hinter dem Netz aufspringender Ball. Prinzipiell kann der Ballonabwehrschlag zentral oder tangential mit Vorwärtsrotation geschlagen werden. Zu bevorzugen ist in jedem Falle die «Topspin-Variante», weil der Ball nach dem Aufsprung auf der gegnerischen Tischhälfte schnell und hoch abspringt und somit den Angriffsschlag erschwert. Je mehr Spin der Ballonabwehrschlag hat und je näher er an die Grundlinie plaziert ist, desto weiter muß sich der Angreifer vom Tisch zurückbewegen. Seine Schmetterbälle kommen wegen der längeren Flugbahn nicht mehr so schnell. Der Verteidiger ge-

winnt Zeit für seine Schläge und kann die Ballonabwehrsituation eventuell durch einen Gegenangriff mit Topspin oder Schmetterball wieder auflösen. Die Schlagbewegung der Ballonabwehr ist der des Topspins sehr ähnlich, lediglich der Schlägerwinkel ist weiter geöffnet, und die Bewegung hat eine stärkere Aufwärts- als Vorwärtskomponente. Bei Angriffsschlägen, die weit in die Rückhand des Verteidigers gespielt werden, ist es sinnvoll, den Schläger zu einem leichten Vorhand-Griff gleiten zu lassen, damit das Schlägerblatt einen günstigeren Winkel zum Tisch hat. Bei der Ballonabwehr aus der weiten Vorhand ist sinngemäß ein leichter Rückhand-Griff vorteilhaft. Natürlich kann wie bei allen tangentialen Schlägen auch bei der Ballonabwehr durch seitliches tangentiales Treffen des Balles Seitenschnitt erzeugt werden. Dies ist jedoch nur bedingt sinnvoll, erleichtert es doch dem Angriffsspieler, seine Schläge weit nach außen zu plazieren, so daß irgendwann dem Verteidiger nicht mehr genügend Platz seitlich hinter dem Tisch zur Verfügung steht. Damit der Streuwinkel der Angriffsschläge begrenzt bleibt, sollte der Ballonabwehrspieler seine Bälle möglichst auf die Mitte des Tisches plazieren.

Vorhand-Ballonabwehr

(siehe nebenstehende Abbildungen Seite 129)

Rückhand-Ballonabwehr

(siehe Abbildungen Seite 130)

Trainingsprogramm

Da die Ballonabwehr in der Regel allenfalls ein Rettungsversuch aus Notsituationen sein soll, wobei die Erfolgswahrscheinlichkeit zudem noch relativ gering ist, wird sie nicht so häufig und intensiv trainiert wie die vorher beschriebenen Schlagtechniken. Die Erfahrung zeigt, daß besonders die jugendlichen Spieler viel häufiger Ballonabwehr spielen, als es den Trainern recht ist. Daher verzichten wir hier bewußt darauf, Trainingsübungen in den verschiedenen Schwierigkeitsgraden vorzustellen.

Vorhand-Ballonabwehr 129

Ausholphase:
- Seitliche VH-Stellung!
- Schläger seitlich nach hinten-unten!
- Schlagarm fast/ganz gestreckt!
- Oberkörperverwringung nach rechts hinten-unten!
- Körpergewicht auf rechtem Fuß!

Schlag-/Treffphase:
- «Reiße» den Ball steil nach oben (tangentiales Treffen)!
- Triff ihn in der fallenden Phase mit leicht geöffnetem bis leicht geschlossenem Schlägerblatt neben dem Körper!
- Oberkörper streckt sich mit nach oben!

Ausschwungphase:
- Schlagarm bis oder sogar über Kopfhöhe!
- Körpergewicht auf beiden Füßen!

130 Ballonabwehr

Rückhand-Ballonabwehr

Ausholphase:
- Frontale RH-Stellung!
- Schläger nach unten zwischen die Beine!
- Schlagarm fast gestreckt!
- Körpergewicht auf beiden Füßen!

Schlag-/Treffphase:
- «Reiße» den Ball steil nach oben – tangentiales Treffen!
- Triff ihn in der fallenden Phase mit leicht geöffnetem bis leicht geschlossenem Schlägerblatt vor dem Körper!
- Oberkörper streckt sich mit nach oben!

Ausschwungphase:
- Schlagarm bis oder sogar über Kopfhöhe!
- Körpergewicht auf beiden Füßen!

Dennoch sollte gelegentlich die Ballonabwehr geübt werden, weil durch sie Antizipationsfähigkeit, Körperbeherrschung, Raum- und Ballgefühl verbessert werden können. Dabei sollten diese Schwerpunkte besonders beachtet werden:
1. Kämpfe darum, so viele Bälle wie möglich zurückzubringen! Je öfter der Gegner hart schlagen muß, desto größer ist die Chance, daß er wegen Ermüdung der Schlagarm-Muskulatur einen Fehler begeht.
2. Plaziere mit Oberschnitt lang und in die Nähe der Mittellinie, damit der Angreifer nicht zu weit außen in die Flanken des Tisches spielen kann!
3. Versuche kreativ zu sein! Du kannst den Rhythmus des Angreifers empfindlich stören, wenn du gelegentlich mit Topspin oder Schmetterball gegen-angreifst oder nach einem Ballonabwehrschlag Unterschnitt-Abwehr spielst.

AUFSCHLÄGE

Jeder Ballwechsel im Tischtennis beginnt mit einem Aufschlag. Beobachtet man jedoch ein ganz alltägliches Vereinstraining, stellt man fest, daß dieser wichtigste Schlag nur im Match trainiert wird. Selbst fortgeschrittene Spielerinnen und Spieler wiederholen in jedem Training Hunderte Topspins, Blocks oder Konter, doch ob diese Schläge in jedem Ballwechsel zum Einsatz kommen, ist äußerst zweifelhaft. Der Aufschlag jedoch, ohne den im Wettkampf kein Ballwechsel gespielt wird, fristet im Trainingsprozeß ein Mauerblümchendasein. Dabei erinnert sich jeder Aktive sicher an Spiele, die er nur verloren hat, weil der eigentlich höchstens gleichstarke Gegner die besseren Aufschläge hatte. Wir sind sicher, daß jeder Spieler pro Satz drei Punkte (vielleicht sogar mehr) erfolgreicher spielen kann, wenn er ein regelmäßiges Aufschlagtraining absolviert. Wenn du überlegst, wie viele Sätze du in der Vergangenheit mit zwei oder drei Punkten Differenz verloren hast, siehst du die Wichtigkeit des verstärkten Aufschlagtrainings sicher ein. Neuere Untersuchungen im europäischen Nachwuchs-Tischtennis haben ergeben, daß bei einem Ballwechsel der Ball durchschnittlich drei- bis viermal über das Netz gespielt wird. Ungefähr die Hälfte aller Punkte wird bereits mit den ersten bei-

Aufschläge im Tischtennis nach Schnittarten unterschieden
Nebenstehende Abbildung zeigt einen Aufschlag-«Stammbaum». In der 1. Unterscheidungsebene trennen wir den zentral getroffenen Aufschlag von dem tangential getroffenen. Dabei spielt der zentral getroffene Aufschlag eine vergleichsweise unbedeutende Rolle. Allein eine Aufschlagtechnik, nämlich der «voll getroffene» Konteraufschlag, berücksichtigt dieses Schlagprinzip. Bei allen anderen Schlagtechniken liegt ein mehr oder minder starkes tangentiales Balltreffen vor. Hier wiederum müssen wir auf einer 2. Unterscheidungsebene die «reinen» Schnittaufschläge (nur Unter-, Ober- oder Seitenschnitt) von den gemischten Seitenschnittaufschlägen unterscheiden (Seitenunter- und Seitenoberschnitt).
Berührungspunkte zwischen zentral und tangential getroffenen Aufschlägen liegen beim Konteraufschlag mit leichtem Oberschnitt und beim langsamen Schiebeschupfaufschlag mit leichtem Unterschnitt vor.

Aufschläge 133

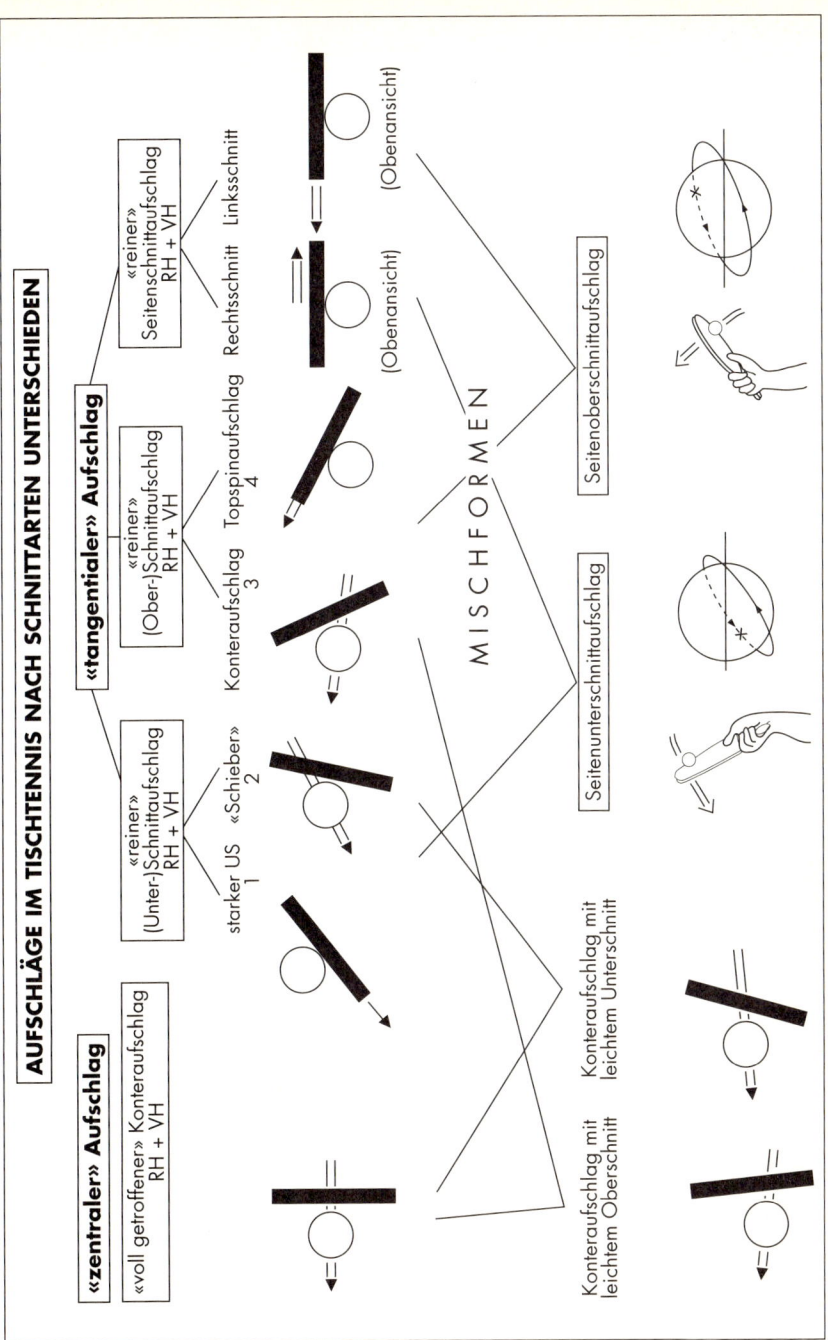

den Schlägen, Aufschlag und Rückgabe des Aufschlages, entschieden. Diese Beobachtungen müssen zwangsläufig zur Konsequenz haben, daß der wettkampfmäßige, bestmögliche Aufschlag auch in den Trainingsübungen für die anderen Schlagtechniken immer wieder eingesetzt und trainiert werden muß.
Beim Aufschlag ist der Spieler grundsätzlich nicht durch einen vorhergehenden Schlag seines Gegners in seinen Möglichkeiten eingeschränkt; daher stehen ihm alle Wege der im theoretischen Teil unter «Rotationsgrammatik» aufgezeigten Ballbehandlungen offen. Alle Schnittarten sind möglich; die Plazierung kann sowohl in der Länge als auch in der Breite des Tisches frei gewählt werden, und die Ballgeschwindigkeit kann der Aufschläger bestimmen. Ein guter Aufschlagspieler verfolgt mehrere Ziele:
1. Direkter Punktgewinn mit dem Aufschlag.
2. Ein schlechter Rückschlag des Gegners soll bewirken, daß die Initiative für den weiteren Verlauf beim Aufschläger bleiben kann.
3. Der Gegner soll daran gehindert werden, seine stärksten Schläge einzusetzen.

In der Bewegungsausführung seines Aufschlages ist der Spieler nicht an eine Idealtechnik der anderen Schlagarten gebunden; vielmehr kann er eigene Bewegungen entwickeln und seiner Kreativität freien Lauf lassen. Lediglich im Moment des Schlagens muß er entsprechend seinen Absichten den Ball tangential oder zentral treffen und die Richtung und Geschwindigkeit des Balles bestimmen (siehe dazu die Grafik auf Seite 133).

Diese Möglichkeiten haben zu den heutigen trickreichen Aufschlägen geführt, bei denen wegen der verschiedenen Bewegungsrichtungen des Schlägers in der Schlagphase der Rückschläger die wahren Absichten des Aufschlägers nicht erkennen kann.
Um dem Gegner das Erkennen des Aufschlages zu erschweren, muß der gesamte Bewegungsablauf vom Beginn der Schlagphase an sehr schnell sein, was ein sehr gutes Timing und viel Training voraussetzt. Zusätzlich kann bei den Vorhand-Aufschlägen der Balltreffpunkt hinter der linken Schulter und dem linken Oberarm versteckt werden (siehe Abbildungen Seite 136/137).

Für eine schnelle Schlagbewegung und die damit verbundene Möglichkeit, maximale Rotation zu erzeugen, sind eine lockere Schlägerhaltung und ein ausgeprägter Handgelenkeinsatz Voraussetzung. Ebenso wichtig ist, daß der gesamte Körper die Aufschlagbewegung unterstützt (siehe Abbildungen Seite 138/139).

Bei Vorhand-Aufschlägen empfiehlt es sich, den Schläger nicht mit dem üblichen Shakehand-Griff zu halten, sondern ihn nahe am Griff mit der Rückhandseite auf Zeige- und Mittelfinger zu legen und mit dem Daumen am Griff lediglich auszubalancieren. Dadurch hat das Handgelenk eine größere Bewegungsfreiheit. Bei Rückhand-Aufschlägen ist für einen besseren Handgelenkeinsatz ein leichter Rückhand-Griff von Vorteil.

Viele Spieler werfen den Ball beim Aufschlag sehr hoch. Dies bewirkt, daß im Moment des Ballkontaktes auf dem Schläger die Ballgeschwindigkeit höher ist als bei einem durch die Regel geforderten Anwurf von 16 cm. Dem Ball kann bei entsprechend schneller Schlagbewegung mehr Rotation gegeben werden. Je höher der Ball geworfen wird, desto schwieriger wird allerdings das Timing und die Präzision des Ballwurfes. Die heutigen Spitzensportler werfen den Ball ungefähr einen Meter hoch.

Aufschlagstellung

Der Angriffsspieler führt seine Aufschläge in der Regel von der Rückhandecke des Tisches aus, um beim nächsten Schlag mit der Vorhand anzugreifen. Angriffsspieler, deren beste Waffe der Rückhand-Topspin ist, werden sich eventuell etwas weiter zur Tischmitte hin orientieren. Aus der Aufschlagposition in der Rückhandecke kann der Ball über die gesamte Breite des Tisches plaziert werden, besonders in die weite Rückhand des Gegners.

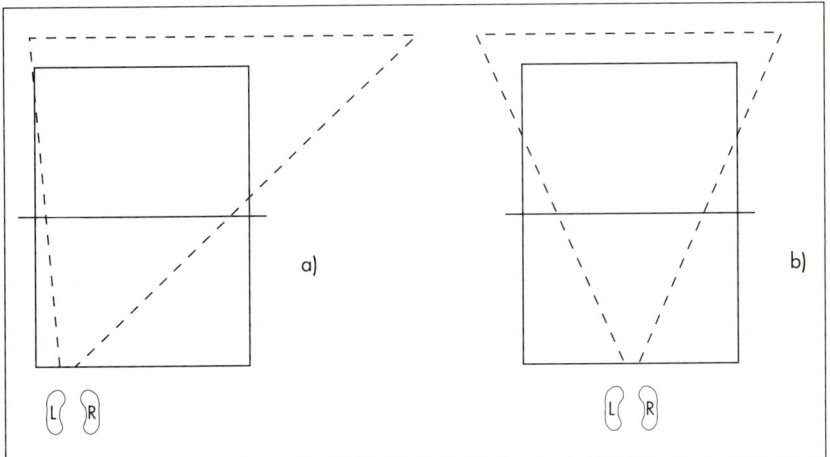

Streuwinkel beim Aufschlag aus der Rückhandecke a) und aus der Mitte (b)

Verdeckter Vorhand-Aufschlag mit Unterschnitt

– Seitliche Schlagstellung in der VH-Ecke!

– Achte auf eine regelgerechte Ausführung!

– Beobachte den Ball genau!

Aufschlagstellung 137

– «Verstecke» den Balltreffpunkt hinter dem linken Oberarm!

– Ein fast waagerechtes Schlägerblatt signalisiert den Unterschnitt!

– Täusche den Rückschläger durch eine Gegenbewegung des Schlägers nach hinten!

138 Aufschläge

Körpereinsatz beim Aufschlag:
Bei diesem Rückhand-Aufschlag wird deutlich, daß der gesamte Körper zur Schwungverstärkung an der Aufschlagbewegung beteiligt ist (s. auch Anheben des linken Fußes!)

– Ausholbewegung bis zur linken Schulter!

Aufschlagstellung 139

– Ein nur leicht geöffnetes Schlägerblatt und die Hauptschlagrichtung von links nach rechts signalisieren den Seit-Unterschnitt!

Spielt man als Rechtshänder gegen einen Linkshänder (oder umgekehrt), muß die Aufschlagposition ebenfalls etwas mehr zur Mitte hin orientiert werden, wenn man in die weite Rückhand des Rückschlägers aufschlagen möchte. Abwehrspieler, die nach ihrem Aufschlag nicht grundsätzlich mit ihrer Vorhand angreifen wollen, werden ebenfalls eher aus der Mitte des Tisches aufschlagen, um dem Gegner einen nicht zu großen Winkel auf einer Seite für seinen ersten Angriffsschlag zu öffnen.

Systematik der Aufschläge

Finten «mit / ohne Rotation»

Vorhand-Aufschlag ohne Schnitt

Die Aufschlagbewegung soll den Gegner eine bestimmte Rotation des Balles erwarten lassen. Eine kleine Änderung des Schlägerwinkels im Balltreffpunkt führt jedoch zu einer anderen Rotation, täuscht den Rückschläger und zwingt ihn so zu einem unkontrollierten Schlag. Vergleichsweise einfach ist diese Finte beim Vorhand-Aufschlag einzusetzen. Unmittelbar vor dem Balltreffpunkt wird das Schlägerblatt fast senkrecht gestellt, der Ball wird somit geschoben und erhält wenig bis gar keinen Unterschnitt. Unmittelbar nach dem Balltreffpunkt geht die Bewegung weiter wie beim Unterschnitt-Aufschlag. Finten dieser Art sind grundsätzlich bei allen Aufschlägen zu spielen. Sie erfordern allerdings ein sehr gutes Timing für den Balltreffpunkt.

142 Aufschläge

**Vorhand-Aufschlag mit Unterschnitt:
Achte auf das geöffnete Schlägerblatt im Balltreffpunkt!**

– Wirf den Ball aus dem flachen Handteller hoch!

– Beobachte ihn während des Ballflugs genau!

– Verstärke den Schwung des Schlägers durch den Einsatz des ganzen Körpers!

Systematik der Aufschläge 143

– Triff den Ball möglichst nah am Schlägerblattrand, um seine Rotation zu verstärken!

– Beachte die spezielle Schlägerhaltung beim Vorhand-Aufschlag!

Umkehrprinzip

Bei Aufschlägen nach dem Umkehrprinzip ändert sich die Bewegungsrichtung des Schlägers in der Schlagphase. Die unterschiedlichen Bewegungsrichtungen können zum Beispiel Seitenschnitt nach rechts und Seitenschnitt nach links erzeugen. Wird der Ball bei einer schnellen Schlagbewegung nun kurz vor oder kurz nach dem Umkehrpunkt der Bewegung getroffen, ist es für den Rückschläger sehr schwierig zu bestimmen, wann der Balltreffpunkt exakt erfolgte, und seine Entscheidung für seinen Rückschlag ist eventuell genau falsch. Die Aufschläge nach dem Umkehrprinzip werden hauptsächlich mit der Vorhand ausgeführt, weil neben dem Körper eine längere Schlagbewegung möglich ist und der Balltreffpunkt hinter Schulter und Arm versteckt werden kann.

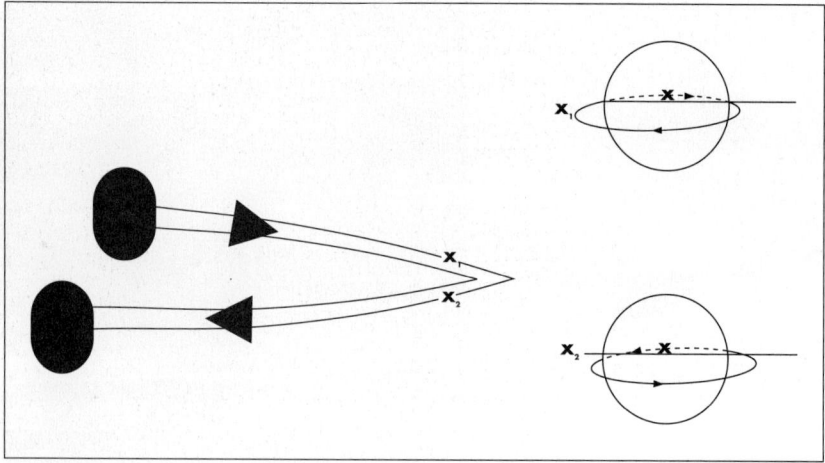

Umkehrprinzip (x = Balltreffpunkt)

Ein Spieler, der die Rotationsgrammatik sicher beherrscht, kann daraus ableiten, welche Schlagbewegungen notwendig sind, um die gewünschten Schnittvariationen zu erzeugen. Du brauchst jedoch viel Training und Geduld, bis diese Aufschläge wirklich so gut sind, wie sie sein sollen. Diese Bewegungen sind sehr viel schwieriger als die eines Vorhand-Topspins.

Systematik der Aufschläge 145

Vorhand-Aufschlag nach dem Umkehrprinzip

Scheibenwischerprinzip

Bei Aufschlägen mit diesem Prinzip ist die Hauptschlagrichtung bogenförmig, ähnlich wie die des Scheibenwischers; sie kann allerdings auch umgekehrt sein, so daß der Bogen nach oben geöffnet ist. Auch mit diesen Aufschlägen, die mit Vorhand und Rückhand ausgeführt werden können, ist es bei unterschiedlichen Balltreffpunkten innerhalb der Schlagbewegung möglich, dem Ball verschiedene Rotationsarten zu geben: Ist der Balltreffpunkt bei einer bogenförmigen Schlagbewegung mit Schlagrichtung von links über oben nach rechts in der aufsteigenden Phase der Schlagbewegung, erhält der Ball Seit-Oberschnitt. Ist der Balltreffpunkt in der absteigenden Phase, erhält der Ball Seit-Unterschnitt.

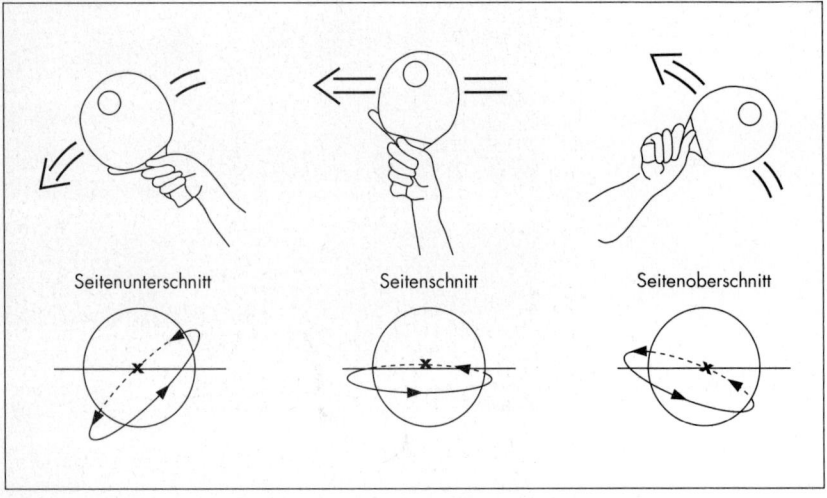

Scheibenwischerprinzip

Damit der Rückschläger über die wirkliche Rotation des Balles im unklaren bleibt, muß der Balltreffpunkt unmittelbar vor oder nach dem Gipfelpunkt (bzw. Tiefpunkt) der Bewegung sein. Diese Aufschlagvarianten, die besonders gut mit einem nach oben offenen Bogen mit der Rückhand gespielt werden können (vgl. Seite 148/149), sind technisch nicht ganz so anspruchsvoll wie die Aufschläge nach dem Umkehrprinzip und daher leichter zu erlernen. Ihre Wirksamkeit ist jedoch selten so groß wie ein perfekter Aufschlag nach dem zuvor besprochenen Prinzip.

Systematik der Aufschläge 147

Vorhand-Aufschlag nach dem Scheibenwischerprinzip

148 Aufschläge

Rückhand-Aufschlag nach dem Scheibenwischerprinzip

– Achte auf einen regelgerechten Ballwurf!

– Beobachte den Ball genau!

Systematik der Aufschläge 149

- Leicht geöffnetes Schlägerblatt!
- Balltreffpunkt in der Abwärtsbewegung des Schlägers signalisiert den Seit-Unterschnitt!

- Ausschwung nach rechts-oben soll Seit-Oberschnitt vortäuschen!

Trainingsprogramm

Zum Aufschlagtraining bietet sich nichts besser an als eine Kiste mit vielen Bällen, ein Tisch und eine ruhige Ecke in der Halle. Durch das ständige Wiederholen der Technik kann der Bewegungsablauf schnell automatisiert werden. Das Erzeugen von Rotation und eine genaue Plazierung werden immer präziser. Bevor du jedoch auf diese Weise das Aufschlagtraining durchführst, mußt du dir sicher sein, daß der trainierte Aufschlag in dein Spielkonzept paßt und dir auch tatsächlich Vorteile für den weiteren Verlauf des Ballwechsels bietet. Dies erprobst du, indem du genau diesen Aufschlag vorher in Trainingswettkämpfen gegen verschiedene Gegner einsetzt.

Wenn du den Aufschlag mit vielen Bällen trainierst, mußt du dir über deine Absichten und den Trainingsverlauf im klaren sein:
1. Soll der Aufschlag Schnitt besitzen, oder soll er ohne Schnitt sein? Wenn er Schnitt haben soll, welchen? Das Trainingsziel bezüglich der Rotation muß dann sein: Soviel Rotation wie möglich erzeugen.
2. Versuche, den Ball bewußt überall auf dem Tisch zu plazieren. Ein kurzer Aufschlag soll mindestens zweimal auf der Tischhälfte des Gegners aufspringen. Ein langer Aufschlag soll die Grundlinienzone erreichen, der halblange Aufschlag den zweiten Aufsprung genau auf der Grundlinie haben.
3. Versuche, aus einem identischen Bewegungsansatz verschiedene Aufschläge zu spielen.
4. Spiele jeden einzelnen Aufschlag mit höchster Konzentration! 10 bis 20 Minuten Training reichen dann völlig aus.
5. Trainiere nicht zu viele verschiedene Aufschlagbewegungen! Wenige, aber perfekte Aufschläge sind effektiver.

Beim Aufschlagtraining mit vielen Bällen kannst du eine Reihe sinnvoller Hilfsmittel einsetzen, die dir die Aufgabe erleichtern oder die deine Lernfortschritte anzeigen.
- ▶ Farbig markierte Bälle (Filzstift) verdeutlichen, ob sich der Ball dreht.
- ▶ Ein stark unterschnittener Ball rollt auf dem Tisch ins Netz zurück. Wird der Aufschlag parallel zur Mittellinie geschlagen und rollt dann neben dem Netz seitlich vom Tisch herunter, hat der Ball Seiten-Unterschnitt. Maximalen Unterschnitt erzielst du mit waagerechtem Schlägerblatt.
- ▶ Aufschläge mit Oberschnitt rollen oder springen über die Grundlinie des Tisches hinaus und rollen auf dem Boden vom Tisch weg.
- ▶ Ein im Neigungswinkel verstellbares Rückschlagbrett kann dir die Wirkung der Ballrotation deines Aufschlages verdeutlichen.

▶ Kleine Zielpunkte wie Bierdeckel, Filmdosen, Bonbons etc. helfen dir, den Ball präzise zu plazieren.

Parallel zum Aufschlagtraining mit vielen Bällen solltest du in deinen Trainingswettkämpfen genau diese Aufschläge bevorzugt einsetzen. So lernst du am besten, auf welche Weise deine Aufschläge meistens zurückgespielt werden, was dir erleichtert, im weiteren Verlauf des Ballwechsels die Initiative zu behalten. Natürlich mußt du häufig deine Gegner wechseln, um sicher zu sein, daß manche deiner Aufschläge tatsächlich immer wieder gleich zurückgegeben werden.

Du solltest möglichst alle Übungen des Systemtrainings mit wettkampfgemäßen Aufschlägen beginnen (siehe Kap. «Training»). Du lernst schneller, gute Aufschläge zurückzugeben, wenn deine Partner ebenso trainieren. Wir empfehlen dir, einige Standardaufschläge in dein Repertoire aufzunehmen:

▶ kurze Aufschläge mit Unterschnitt, Oberschnitt und ohne Schnitt, überall plaziert;
▶ kurze und halblange Aufschläge mit Seit-Unter- und Seit-Oberschnitt in die Flanken des Tisches und auf den Ellbogen des Gegners;
▶ lange und schnelle Aufschläge überall auf die Grundlinie plaziert;
▶ entsprechende Rückhand-Aufschläge, bei denen du eine etwas mehr zur Tischmitte orientierte Grundstellung einnimmst.

Mit diesem Repertoire bist du für deine Wettkämpfe sicher gerüstet, aber es ist wichtig, sich im Aufschlagspiel ständig weiterzuentwickeln und neue Aufschläge auszuprobieren. Es ist sinnvoll, die Aufschläge der weltbesten Spieler zu studieren. Dabei kannst du dir eine Menge für dein Aufschlagspiel abschauen.

TRAINING

Systemtraining

Im Systemtraining sind Trainingsformen enthalten, mit denen einzelne Schläge, Schlagverbindungen oder Spielzüge in vorher festgelegten Übungen systematisch trainiert werden. Wer den Anspruch hat, seine Leistungsstärke kontinuierlich und möglichst schnell zu verbessern, kommt um ein sinnvoll aufgebautes Systemtraining nicht umhin. Mit ihm lernt er alle Aspekte des Tischtennisspiels, seien es Technik, Beinarbeit, Taktik oder die wichtigen Fähigkeiten der Wahrnehmung, Reaktion und Antizipation. Dem Systemtraining gegenüber steht das freie Training, in dem in der Regel Spiele gemacht werden. Natürlich ist auch das freie Training von Bedeutung, doch sollte es gerade im Lernstadium eines jugendlichen Sportlers einen wesentlich geringeren Raum einnehmen als das Systemtraining. Zwar kann auch im freien Training Technik, Beinarbeit und besonders Taktik, Wahrnehmung und Antizipation verbessert werden, durch die ständig wechselnden Situationen im Wettkampf wird der Lernprozeß jedoch sehr langsam. Man kann meist nur auf das im motorischen Bereich zweifelhafte Lernprinzip von Versuch und Irrtum zurückgreifen.

Wichtig ist eine sinnvolle Einbindung des im Systemtraining Erlernten in das freie Training, damit der Spieler erkennt, welche technischen oder taktischen Vorteile ihm die systematisch trainierten Schläge und Schlagverbindungen in der Wettkampfsituation bringen. Es gehört sehr viel Erfahrung dazu, zu erkennen, wie das Verhältnis von Systemtraining zu freiem Training zeitlich angelegt sein soll. Bei einem Anfänger, der soeben die Grundform des Vorhand-Topspins erlernt hat, kann ein sofort sich anschließendes freies Training die gelernten Grundstrukturen der Bewegung wieder vollständig zerstören. Die neue Schlagbewegung muß erst einigermaßen sicher automatisiert sein, bevor sie im freien Training eingesetzt werden soll.

Dennoch sollte kein Training ohne einen kleinen Wettkampf – eventuell mit stark vereinfachenden Bedingungen und Regeln – abgeschlossen werden. Schließlich ist Tischtennis ein Spiel, das vom Wettkampf lebt.

Die Übungen des Systemtrainings lassen sich nach ihren Zielsetzungen in vier Kategorien einteilen, welche die Entwicklung des modernen Tischtennis besonders berücksichtigen:
▶ Technikübungen
▶ Wechselübungen
▶ Übungen zur Beinarbeit
▶ Taktische Übungen

Technikübungen

Diese Übungen dienen dem Erlernen und Verbessern einer Schlagtechnik oder Schlagverbindung und der Korrektur technischer Fehler. Zielsetzungen sind die individuell optimale Ausführung und die Ökonomisierung der Technik. Die Trainingsübungen können regelmäßig (alle Ballwege sind vorgegeben), halbregelmäßig (einige Ballwege sind vorgegeben) oder im fortgeschrittenen Lernstadium auch unregelmäßig (die Ballwege sind nicht vorgegeben) gespielt werden. Auch bei den regelmäßigen Übungen muß gelegentlich ein unregelmäßiger Ball gespielt werden, damit der Trainierende aufmerksam bleibt und seine Wahrnehmung, Reaktion und Antizipation verbessert. Zudem besteht die Gefahr, daß sich Bewegungen bei ständig regelmäßigem Training automatisieren, was den effektiven Einsatz der erlernten Technik erschweren oder gar verhindern kann. So wird sich bei einem Spieler, der Hunderte Vorhand-Topspins gegen regelmäßig zugespielte Blocks trainiert, der Fehler automatisieren, daß sich sein Schläger sofort nach dem Schlag zurück in die Ausholposition für den nächsten Vorhand-Topspin und nicht in eine neutrale Position bewegt. Wie schlecht eine solche Bewegungsautomatisation tatsächlich ist, erfährt der betreffende Spieler, wenn ihm der Ball im Wettkampf nach seinem Vorhand-Topspin unerwartet in die Rückhand gespielt wird, er wieder zum nächsten Vorhand-Topspin ausgeholt hat und den Ball nur mit einer anderen, improvisierten Schlagtechnik überhaupt noch auf den Tisch spielen kann.
Einige Beispiele aus dem Bereich Technikübungen:

1. Ziel: Verbesserung des Vorhand-Topspins gegen Unterschnitt und Block; richtiges Anpassen des Schlägerwinkels und der Länge der Schlagbewegung; regelmäßige Übung.

Spieler A (Trainierender): Kurzer Aufschlag mit Unterschnitt in Rückhand (10 % lange Aufschläge in Vorhand, dann freies Spiel).

Spieler B (Partner): Schupf in Vorhand (10 % der Rückschläge Schupf in Rückhand, dann freies Spiel).

A: Vorhand-Topspin parallel.
B: Rückhand-Block parallel (ab 5. Block irgendwann in Rückhand, dann freies Spiel).
A: Vorhand-Topspin parallel; gegen Schupf längere Schlagbewegung und weniger stark geschlossenes Schlägerblatt als gegen Block.

2. Ziel: Verbesserung der Vorhand- und Rückhand-Abwehr; Anpassen des Schlägerwinkels an unterschiedlich stark rotierende Topspins; regelmäßige Übung.
B: Langer Aufschlag mit Oberschnitt in Vorhand, danach Vorhand-Topspin abwechselnd in Rückhand und Vorhand, ständige Spinwechsel; ab 5. Topspin zweimal auf dieselbe Ecke, dann ist freies Spiel.
A: Vorhand- und Rückhand-Abwehr auf die Tischmitte.

3. Ziel: Verbesserung des Rückhand-Topspins nach vorangehendem Kurzkurz-Spiel und Bewegung vom Tisch zurück; halb-regelmäßige Übung.
B: Kurzer Aufschlag in Vorhand, danach noch ein- bis zweimal kurz in Vorhand, lang schupfen in Rückhand, Block in Vorhand oder Rückhand und freies Spiel.
A: Kurze Rückgabe des Aufschlags und kurz schupfen in Rückhand, wenn der lange Schupfball in Rückhand kommt, Rückhand-Topspin diagonal, dann Vorhand- oder Rückhand-Topspin überallhin.

4. Ziel: Verbesserung des Vorhand- und Rückhand-Konters; kurze, schnelle Schlagbewegungen unter Berücksichtigung der Neutralposition; unregelmäßige Übung.
B: Langer Aufschlag mit Oberschnitt in Rückhand oder Vorhand, danach unregelmäßig kontern in Rückhand und Vorhand.
A: Vorhand- und Rückhand-Konter immer parallel; wenn sich die Gelegenheit ergibt, Vorhand-Schmetter auf den Ellbogen von B.

5. Ziel: Sichere Vorhand-Schmetterbälle aus der Vorhandecke; unregelmäßige Übung.
A und B kontern Rückhand diagonal, irgendwann kontert B – eventuell etwas langsamer – in die Vorhandecke, A schmettert frei über den ganzen Tisch.

Wechselübungen

Mit diesen Übungen wird die Fähigkeit trainiert, auch in schnellsten Ballwechseln sicher und ruhig zwischen Vorhand- und Rückhand-Schlägen zu wechseln. Im heutigen Tischtennis ist diese Fähigkeit von größter Bedeutung, weil durch das sehr hohe Spieltempo die Beschränkung auf den fast ausschließlichen Einsatz von Schlagtechniken mit nur einer Schlägerseite, zum Beispiel dem Vorhand-Topspin, nur noch wenig Erfolg verspricht. Die Wechselübungen werden grundsätzlich halb-regelmäßig oder unregelmäßig trainiert, weil eine sehr gute Wahrnehmungs-, Reaktions- und Antizipationsfähigkeit entscheidend ist. Die Wechselübungen eignen sich für das Training von Schlagtechniken sowohl in der offensiven als auch in der defensiven Spielsituation. Die heutzutage sehr wichtige Blockverteidigung läßt sich mit Wechselübungen bestens trainieren.

Einige Beispiele aus dem Bereich Wechselübungen:

1. Offensive Situation; Koordination von Vorhand- und Rückhand-Topspin gegen Block; halb-regelmäßige Übung für den Topspinspieler (A), regelmäßige Übung für den Blocker (B).
B: Langer Aufschlag mit Oberschnitt in Rückhand oder Vorhand, danach Block ein- bis zweimal in Vorhand, ein- bis zweimal in Rückhand usw., irgendwann dreimal auf dieselbe Ecke, dann freies Spiel.
A: Vorhand- und Rückhand-Topspin immer abwechselnd in Vorhand und Rückhand.

2. Offensive Situation; Koordination von Vorhand- und Rückhand-Topspin gegen Block; unregelmäßige Übung für den Topspinspieler (A), halb-regelmäßige Übung für den Blockspieler (B). Damit für Spieler B gleichzeitig eine Wechselübung in der defensiven Spielsituation.
B: Langer Aufschlag mit Oberschnitt in Rückhand oder Mitte, danach Block unregelmäßig in Rückhand bis Mitte der Vorhandhälfte, ab 5. Ball irgendwann in tiefe Vorhand, dann ist freies Spiel.
A: Rückhand- und Vorhand-Topspin einmal auf Ellbogen und einmal auf eine der beiden Ecken usw.

3. Defensive Situation; Koordination von Vorhand- und Rückhand-Abwehr gegen Topspin; halb-regelmäßige Übung.
B: Langer Aufschlag mit Oberschnitt in Vorhand oder Rückhand, danach Vorhand-Topspin ein- bis zweimal auf die Ecken, einmal auf den Ellbogen des Abwehrspielers usw.; irgendwann Schmetterball überallhin, dann freies Spiel.

A: Von den Ecken Vorhand- und Rückhand-Abwehr in die Tischmitte, vom Ellbogen Vorhand- oder Rückhand-Abwehr auf die Ecken des Tisches.

4. Defensive Situation; Koordination von Vorhand- und Rückhand-Block; unregelmäßige Übung.
A: Langer Aufschlag mit Oberschnitt in Mitte der Vorhandhälfte bis Mitte der Rückhandhälfte, danach Block in denselben Bereich; ab 5. Block in tiefe Vorhand oder tiefe Rückhand, dann ist freies Spiel.
B: Vorhand-Topspin mit leicht reduziertem Tempo überallhin, möglichst nie auf den Schläger des Blockers.

Übungen zur Beinarbeit

Mit diesen Übungen soll erstens die Technik der tischtennisspezifischen Beinarbeit erlernt und automatisiert, zum zweiten die Schnelligkeit dieser Bewegungen verbessert werden. Der Hauptschwerpunkt dieser Übungen liegt also weniger im Bereich der Schlagtechnik als in der Laufarbeit und dem konditionellen Aspekt des Tischtennisspiels.

Sobald die verschiedenen Techniken der Beinarbeit beherrscht werden, werden diese Übungen grundsätzlich nur in höchstem Tempo gespielt. Dabei kann man auf einen wettkampfgemäßen Aufschlag verzichten, wodurch die durchschnittliche Dauer der Ballwechsel sinnvoll verlängert wird. Die Übungen können regelmäßig, halb-regelmäßig und unregelmäßig gespielt werden. Für das Training der Beinarbeit eignet sich hervorragend das Balleimertraining oder der Einsatz einer Ballwurfmaschine (Roboter). Damit die Pausen zwischen den Ballwechseln möglichst kurz bleiben, ist es wichtig, daß gerade im Beinarbeitstraining jedem Spieler ausreichend viele Bälle zur Verfügung stehen.

Wenn im Beinarbeittraining der konditionelle Aspekt im Vordergrund steht, läßt sich das Training durch die aus dem Konditionstraining bekannten Intervall-Trainingsformen abwechslungsreich und motivierend gestalten.

Im modernen Tischtennis sind verschiedene Formen und Techniken der Beinarbeit von Bedeutung, die jeder Spieler ständig trainieren sollte:

Side-Steps

Dies sind kurze schnelle Schritte, um sich seitlich von der Vorhand- in die Rückhandecke oder umgekehrt zu bewegen. Die breite Fußstellung der Grundstellung soll bei der Bewegung möglichst erhalten bleiben, damit man nicht das Gleichgewicht verliert. Die Side-Steps werden kraftvoll ausgeführt, um mit wenigen Steps möglichst viel Raum zu gewinnen. Ein Überkreuzen der Füße soll bei den Side-Steps vermieden werden.

Um längere Wege zurückzulegen, müssen oft zwei, manchmal auch drei Side-Steps in höchstem Tempo ausgeführt werden. Mehr als drei Side-Steps in dieselbe Richtung sollten jedoch nicht gemacht werden; für die Überbrückung großer Distanzen gibt es schnellere Möglichkeiten.

Eine Beispielübung für die Side-Step-Beinarbeit; regelmäßige Übung.
B: Blockt mit Rückhand abwechselnd in Vorhandecke und Mitte der Rückhandhälfte;
A: Zieht Vorhand-Topspin in Rückhand.

Vorhand-Rückhand-Abwehr in Verbindung mit Side-Steps

Umlaufen der Rückhand

Diese Bewegung benötigen Spieler, die aus ihrer Rückhandecke mit der Vorhand angreifen wollen. Es ist wichtig, daß man sich dabei nicht zu weit ne-

ben den Tisch bewegt, weil dann der Weg zu einem eventuellen Rückschlag in die tiefe Vorhand sehr weit würde. Beim Umlaufen der Rückhand wird der Körper um den leicht nach außen gestellten linken Fuß so weit nach hinten gedreht, bis man ungefähr parallel zur Seitenlinie des Tisches steht. Die Bewegung ähnelt der einer sich öffnenden Tür.
Eine Beispielübung zum Umlaufen der Rückhand in Kombination mit Side-Steps; halb-regelmäßige Übung.

B: Kontert zweimal in Rückhand, ein- oder zweimal in Tischmitte usw.
A: Einmal Rückhand-Konter parallel, umlaufen und einmal Vorhand-Konter diagonal; von Tischmitte ein- oder zweimal Vorhand-Konter in Rückhandecke.

Kreuzschritte

Wenn die Distanzen für die Side-Steps zu groß sind, werden Kreuzschritte eingesetzt. Sie bieten den Vorteil, schneller große Distanzen überbrücken zu können. Die Kreuzschritte werden nur bei seitlichen Bewegungen hinter dem Tisch eingesetzt und nur in der Richtung von der Rückhand- in die Vorhandecke. Besonders häufig wird der Kreuzschritt ausgeführt, wenn man die Rückhand umlaufen hat und der Gegner den nächsten Ball sehr weit außen in die Vorhand spielt. Dabei wird der beabsichtigte Vorhand-Schlag schon ausgeführt, während der rechte Fuß noch auf seinem Weg in die Endposition der Bewegung ist.

Mit dieser Schrittfolge kann man unmittelbar nach dem Schlag das Gleichgewicht in der Ausgangsstellung wiedererlangen und sich so schnell in alle Richtungen weiterbewegen.

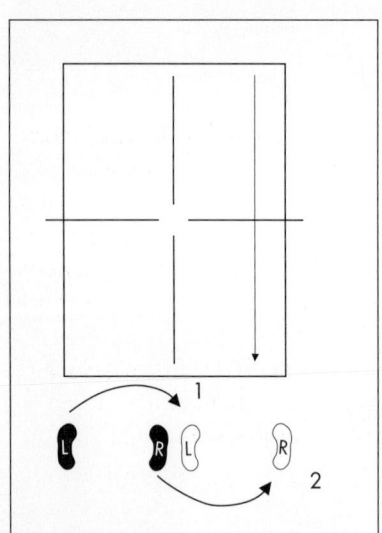

Kreuzschritt von der Rückhand- in die Vorhandecke

Eine Beispielübung zum Kreuzschritt in Kombination mit dem Umlaufen der Rückhand; regelmäßige Übung.

B: Blockt zweimal in Rückhand, einmal in tiefe Vorhand usw.
A: Einmal Rückhand-Konter diagonal, umlaufen und einmal Vorhand-Topspin parallel, Kreuzschritt und Vorhand-Topspin parallel; dann mit Side-Steps zurück in die Rückhandecke.

Ausfallschritte

Diese Schritte werden zumeist in einer defensiven Spielsituation eingesetzt, wenn nur wenig Zeit zur Verfügung steht und die zurückzulegende Distanz kurz ist. Dabei wird zur Vergrößerung der Vorhandreichweite der rechte und zur Vergrößerung der Rückhandreichweite der linke Fuß aus der Grundstellung nach außen gestellt.

Ausfallschritt in die Vorhand   **Ausfallschritt in die Rückhand**

Sofort nach dem Schlag muß die normale Ausgangsstellung wieder eingenommen werden, weil es sehr schwierig ist, sich aus der sehr breiten Fußstellung nach einem Ausfallschritt schnell weiterzubewegen.
Verglichen mit dem Idealbild der Schlagtechniken ist ein Schlag aus einem Ausfallschritt immer eine Notlösung. Sie sollte wirklich nur dann zum Einsatz kommen, wenn die Zeit für andere Beinarbeittechniken, die zu einer optimalen Fußstellung führen können, nicht mehr ausreicht.
Die Übungen für den Ausfallschritt sollten daher grundsätzlich unregelmäßig sein; denn bei regelmäßigem Zuspiel kann sich der Trainierende immer so frühzeitig bewegen, daß der Ausfallschritt gar nicht nötig sein würde.

Zwei **Beispielübungen** zum Ausfallschritt:
1.
   B: Zieht Vorhand-Topspin in Rückhand und Tischmitte, irgendwann statt in Tischmitte in tiefe Vorhand.

A: Rückhand- und Vorhand-Abwehr in die Vorhand; wenn der Ball in die tiefe Vorhand kommt, Ausfallschritt und Vorhand-Abwehr.

2.
B: Zieht Vorhand-Topspin abwechselnd in Rückhand und Mitte der Vorhandhälfte, manchmal statt in Rückhand in tiefe Vorhand.
A: Rückhand- und Vorhand-Block parallel; wenn der Ball in tiefe Vorhand kommt, Ausfallschritt und Vorhand-Block.

Vor-Zurück-Bewegungen

Diese Bewegungen benötigen hauptsächlich Verteidigungsspieler, die sich nach dem Spiel über dem Tisch zu einem Abwehrschlag schnell in die Distanz bewegen und aus der Distanz zu kurzen Stopbällen sofort wieder nach vorn kommen müssen. Auch Angriffsspieler aus der Halbdistanz müssen ihre Position hinter dem Tisch unterschiedlich harten Schlägen durch mehr oder weniger ausgeprägte Vor-Zurück-Bewegungen ständig anpassen. Muß der Verteidigungsspieler zu Abwehrschlägen in die Distanz, setzt er Nachstellschritte ein: Zur Rückhand-Verteidigung ist der linke Fuß immer etwas weiter hinten, zur Vorhand-Verteidigung der rechte. Zu Stopbällen bewegt der Spieler sich dann wieder mit normalen Laufschritten an den Tisch heran.

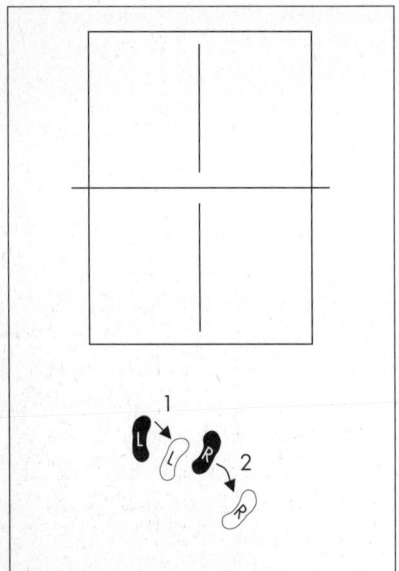 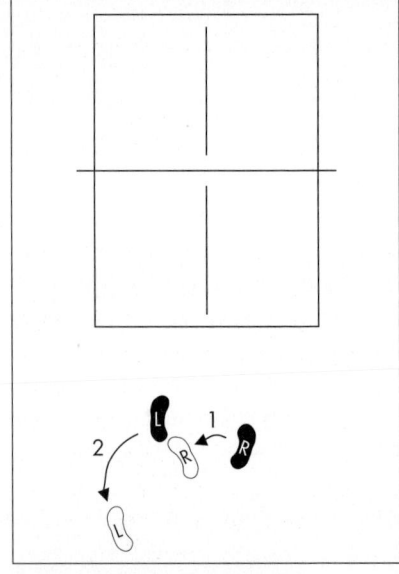

Nachstellschritt in die Distanz zur Vorhand-Verteidigung   **Nachstellschritt in die Distanz zur Rückhand-Verteidigung**

Eine halb-regelmäßige Beispielübung für die Vor-Zurück-Bewegungen:
B: zieht ein- bis dreimal Vorhand-Topspin auf die Ecken des Tisches und spielt einmal Stopball auf die Mitte usw.
A: Vorhand-Abwehr auf Tischmitte, wenn Stopball kommt, aggressiver Schupf in Mitte oder tiefe Vorhand; ist der Stopball hoch, Vorhand-Schmetter überallhin.

Taktische Übungen

Ziel der taktischen Übungen muß grundsätzlich der Punktgewinn sein. Dieses Ziel soll sowohl der Aufschläger als auch der Rückschläger verfolgen. Anders als vielleicht in den Technik- und Beinarbeitübungen wird nicht miteinander, sondern wie im Wettkampf gegeneinander gespielt. Aufschläger und Rückschläger haben dabei unterschiedliche Aufgaben. Die taktischen Übungen beginnen prinzipiell mit dem bestmöglichen Aufschlag und entsprechender Aufschlag-Rückgabe. Da zur Taktik auch Entscheidungsprozesse wie:
▶ nehme ich Vorhand oder Rückhand, welchen Schlag spiele ich,
▶ wohin plaziere ich,
▶ wie kann ich den Gegner in die Defensive zwingen, usw.
gehören, ist die logische Konsequenz, daß taktische Übungen nie regelmäßig sein dürfen, weil diese Entscheidungsprozesse dann gerade nicht verlangt würden.
Wenn nun aber taktische Spielzüge trainiert werden sollen, müssen diese häufig wiederholt werden, was bedeutet, daß Schläge und Schlagrichtungen vorgegeben werden. In diesem Falle müssen immer Alternativschläge möglich sein, damit beide Gegner bereit sind, auf Unvorhergesehenes schnell, kreativ und taktisch erfolgreich reagieren zu können.
In den taktischen Übungen sollten nicht mehr als drei, maximal vier Schläge vorgegeben werden (wobei Alternativ-Schläge nicht mitgerechnet sind). Im Tischtennis kann alles passieren, der Ball kann auf unzählige Arten behandelt werden, Plazierung und Geschwindigkeit können immer wieder vollkommen unerwartet geändert werden, so daß flexibles, situationsangepaßtes Handeln zum leistungsentscheidenden Faktor wird. Diese Fähigkeit kann jedoch nur dann erlernt und erhalten werden, wenn dem Spieler soviel Freiraum wie möglich für das Finden kreativer Lösungen taktischer Probleme gelassen wird.
Beim Aufbau taktischer Übungen muß selbstverständlich berücksichtigt werden, daß die Erfolge, die mit diesen Übungen erzielt werden sollen, auch mit dem vorhandenen schlagtechnischen Potential möglich sind. Dabei soll versucht werden, die eigenen Stärken so sinnvoll wie möglich einzusetzen und dem Gegner das Ausnutzen der Schwächen weitgehend zu erschweren.

Taktisches Training ist oft auch unmittelbar auf einen Gegner bezogen. Ist dieser und sein Spielsystem bekannt, werden die taktischen Trainingsübungen so gestaltet, daß seine Schwachpunkte konsequent angespielt werden.

Im Vergleich zum Technik- und Beinarbeittraining werden die Ballwechsel im Taktiktraining wegen der vielen Varianten kürzer sein. Dem Spieler muß dabei bewußt sein, daß diese Art zu trainieren eine höhere intellektuelle Beanspruchung mit sich bringt, die sich nicht in vergossenem Schweiß, sondern in großer mentaler Ermüdung bemerkbar macht. Erfahrungsgemäß sind auch Leistungssportler nach einer Stunde intensiven und hochqualitativen Taktiktrainings mindestens genauso erschöpft wie nach einem gleich langen Beinarbeittraining. Gerade wegen der hohen mentalen Beanspruchung beim Taktiktraining ist es für dessen Effektivität von größter Bedeutung, daß es nur dann durchgeführt wird, wenn der Spieler sowohl körperlich als auch geistig völlig fit ist.

Die folgenden Übungen werden nicht nach der offiziellen 21-Punkte-Regel oder auf Zeit gespielt. Eine Übung ist erfolgreich abgeschlossen, wenn die vorgegebenen Punktgewinne mit den entsprechenden Schlagtechniken erzielt wurden. Erfahrungsgemäß ist dazu eine Spielzeit von 5 bis 20 Minuten nötig.

Da Taktiktraining nur dann sinnvoll ist, wenn es individuell trainiert wird, können die folgend aufgeführten Übungsbeispiele nur als Muster angesehen werden. Die jeweils angegebenen Zielsetzungen der Übungen sollen dem interessierten Spieler oder Trainer helfen, eigene Übungen zu entwickeln, die genau seinem Spielsystem und seinen technischen Voraussetzungen entsprechen.

1. Übung

Ziel: Der Aufschläger will mit seinem dritten Schlag (Vorhand-Topspin oder Vorhand-Schmetter) den Punkt gewinnen.

Aufschlag: Lang mit Unterschnitt in tiefe Rückhand. (Variante: Manchmal – ca. 10 % der Aufschläge – kurzer Aufschlag in Vorhand, dann freies Spiel. Diese überraschende Variante soll den Rückschläger daran hindern, eine für die Rückgabe des langen Aufschlages zwar nützliche, ansonsten jedoch gefährliche, von der normalen Grundstellung abweichende Position einzunehmen.)

Rückschlag: Rückhand- oder Vorhand-Topspin diagonal. (Variante: Manchmal – ca. 10 % der Rückschläge – Topspin parallel, damit der Aufschläger bereit ist, auch auf unvorhergesehene Schläge des Gegners zu reagieren. Auch nach dieser Variante sofort freies Spiel.)

3. Ball: Harter Rückhand-Block parallel oder diagonal. Mit diesem Schlag soll der Gegner in die Halbdistanz gezwungen werden,

	wodurch dem Aufschläger mehr Zeit für seinen nächsten Schlag zur Verfügung steht.
4. Ball:	Frei.
5. Ball:	Vorhand-Topspin oder Vorhand-Schmetter überallhin. Mit diesem Schlag muß der Aufschläger den Punkt gewinnen.

Der Aufschläger hat sein Übungsziel erreicht, wenn er folgende Punkte gewonnen hat:
8 Punkte mit dem 5. Ball; gespielt mit dem Hauptschema der Übung.
1 Punkt nach kurzem Aufschlag.
1 Punkt nach Rückgabe des Aufschlages in die Vorhand.

2. Übung
Ziel: Der Rückschläger will sein paralleles Spiel verbessern.
Aufschläger: Langer Aufschlag in Vorhand oder Rückhand, danach Block frei über den ganzen Tisch.
Rückschläger: Muß bei seinen drei ersten Schlägen mindestens zweimal parallel Topspin ziehen, von seinem vierten Schlag an ist freies Spiel.

Der Rückschläger muß 18 Punkte gewinnen:
▶ Er erhält jeweils einen Punkt, wenn er den Ballwechsel gewinnt und zwei seiner ersten drei Schläge parallel gespielt hat.
▶ Er erhält jeweils zwei Punkte, wenn er den Ballwechsel gewinnt und seine drei ersten Schläge parallel gespielt hat.

3. Übung
Ziel: Der Aufschläger will sein Spiel gegen Gegner mit Vorhand-Griff verbessern.

Aufschlag:	a) Kurzer Aufschlag in Vorhand.
	b) Halblanger Aufschlag in äußere Rückhand.
	c) Langer Aufschlag in Vorhand, jeweils zu ungefähr einem Drittel.
Rückschlag:	a) Kurze Rückgabe des Aufschlages in Mitte.
	b) Vorhand- oder Rückhand-Topspin oder Flip in Mitte.
	c) Vorhand-Topspin über den ganzen Tisch, dann ist freies Spiel.
3. Ball:	a) Flip, 80 % in Vorhand, 20 % in Rückhand.
	b) Topspin oder Gegen-Topspin, 80 % in Vorhand, 20 % in Rückhand.
ab 4. Ball:	Freies Spiel

Der Aufschläger muß folgende Punkte gewinnen:
a) nach kurzem Aufschlag: 4 Punkte mit Flip in Vorhand, 1 Punkt mit Flip in Rückhand bzw. mit seinem nächsten Schlag nach diesen Flips;
b) nach halblangem Aufschlag: 4 Punkte mit Topspin oder Gegen-Topspin in Vorhand, 1 Punkt mit diesen Schlagtechniken in Rückhand bzw. mit seinem nächsten Schlag;
c) nach langem Aufschlag: 3 Punkte direkt mit dem langen Aufschlag bzw. mit seinem nächsten Schlag.

4. Übung
Der Aufschläger will sein Spiel gegen Spieler mit Rückhand-Griff verbessern.
Aufschlag: a) Kurzer Aufschlag in Mitte der Vorhandhälfte. Es soll der Punkt gefunden werden, an dem der Rückschläger sich zwischen Vorhand- und Rückhand-Schlag entscheidet.
b) Langer Aufschlag auf die Hüfte.
Rückschlag: a) Offensiv schupfen in Vorhand oder Rückhand.
b) Rückhand- oder Vorhand-Topspin in Vorhand oder Rückhand.
3. Ball: a) Wenn der Rückschläger mit Vorhand geschupft hat, Topspin auf die Hüfte, wenn er mit Rückhand geschupft hat, Topspin in die weite Rückhand.
b) Wenn der Rückschläger mit Vorhand gezogen hat, Block auf die Hüfte oder in die weite Vorhand, wenn er mit Rückhand gezogen hat, Block auf die Hüfte oder in die weite Rückhand.
ab 4. Ball: Freies Spiel.

Der Aufschläger muß mit dem dritten oder fünften Ball mit jeder Variante 3 Punkte gewinnen.

5. Übung
Ziel: Verbesserung der Fähigkeit, aus der defensiven Blocksituation in eine offensive Situation umzuschalten.
Spieler A: Blockt unregelmäßig auf zwei Drittel des Tisches, Bereich Tischmitte.
Spieler B: Vorhand-Topspin mit ungefähr 50–70 % Tempo unregelmäßig über den ganzen Tisch.
Spieler A: Blockt irgendwann in die weite Vorhand oder weite Rückhand, dann ist freies Spiel.

Spieler A muß 10 Punkte gewinnen, entweder direkt mit dem Block nach außen oder mit seinem nächsten Schlag.

6. Übung
Ziel: Der Verteidigungsspieler verbessert seine Fähigkeit, gegen hohe Topspins anzugreifen.
Angriffsspieler: Vorhand-Topspin jeweils ein- oder zweimal in Vorhand und Rückhand.
Verteidiger: Vorhand- und Rückhand-Abwehr nur mit Schnitt (lange Noppen!) auf die Tischmitte; irgendwann Schläger drehen und mit dem Backside-Belag ohne Schnitt abwehren. Zieht der Angriffsspieler seinen nächsten Topspin höher über das Netz, sofort Gegenangriff mit Topspin oder Schuß, andernfalls freies Spiel.

Der Verteidiger muß 6 Punkte mit Gegenangriff gewinnen.

7. Übung
Ziel: Allgemeine Verbesserung des Aufschlagspiels.
Die Spieler spielen freie Sätze, der Aufschlag wechselt nach jedem Satz. Die Sätze beginnen bei einem Spielstand von 0:10 gegen den Aufschläger. Der Aufschläger erhält für den direkten Punktgewinn mit dem Aufschlag 3 Punkte; für den Punktgewinn mit dem dritten Ball zwei Punkte und für alle anderen Punktgewinne jeweils einen Punkt.

8. Übung
Ziel: Verbesserung der Wahrnehmungsfähigkeit und der Plazierung des Balles.

Spieler A: Block in zwei Drittel Rückhand.
Spieler B: Rückhand- und Vorhand-Topspin auf den Ellbogen, irgendwann in weite Vorhand oder Rückhand.

Spieler B muß 6 Punkte mit dem Topspin nach außen gewinnen, wobei der Partner den Ball mit seinem Schläger nicht mehr berühren darf.

Balleimer-Training

Diese Trainingsform wurde in China entwickelt und ist seit vielen Jahren ein fester Bestandteil im Leistungssport-Training, hat aber auch schon in der Anfänger-Ausbildung große Bedeutung. Das Prinzip dieser Trainingsform ist, daß ein Zuspieler – im Normalfall der Trainer – in einem großen Behälter viele Bälle hat, die er einzeln dem Trainierenden zuspielt. Dabei werden keine Ballwechsel gespielt, sondern der Trainer spielt den nächsten Ball ein, wenn der Trainierende den vorhergehenden gespielt hat. Sinn dieser Trainingsform ist, dem Sportler die Möglichkeit zu geben, in vergleichsweise kurzer Zeit viele Schlagwiederholungen zu spielen. Da das zeitaufwendige Ballsuchen oder das häufig ungenaue Zuspiel des Partners, wie es in den normalen Trainingsübungen oft vorkommt, weitgehend ausgeschlossen wird, kann sich der Spieler voll auf seinen Schlag konzentrieren. Daher eignet sich das Balleimer-Training ganz hervorragend für das Erlernen neuer Schlagtechniken oder für die Fehlerkorrektur. Aber auch Beinarbeit und taktische Spielzüge können mit dieser Trainingsform effektiv verbessert werden. Die Bedeutung des Balleimer-Trainings ist bis heute so gewachsen, daß es bei fast allen Trainern zu einer unverzichtbaren Trainingsform geworden ist.

Balleimer-Training

Einige wichtige Prinzipien sind dabei zu beachten: Beim Technik-Training oder in der Fehlerkorrektur dürfen die Bälle nicht in zu hoher Frequenz eingespielt werden, damit der Spieler sich auf jeden einzelnen Schlag voll konzentrieren kann. Es ist wichtig, daß der Zuspieler/Trainer in der Lage ist, die Bälle sehr präzise zu plazieren und dabei gleichzeitig den Spieler und dessen Schlagbewegung zu beobachten. Er muß die Bälle «blind» einspielen können. Das Techniktraining kann auch nur dann effektiv sein, wenn der Spieler noch nicht ermüdet ist. Es gehört deshalb an den Anfang der Trainingseinheit. Die Anzahl der zugespielten Bälle darf aus demselben Grund nicht zu hoch sein, da die beteiligte Muskulatur sonst ermüdet und die technische Ausführung der Schläge an Qualität verliert. Nach 10–15 Bällen sollte man dem Spieler immer eine Pause gönnen, die mindestens so lang wie die Belastungszeit ist.

In der Regel spielt der Trainer den Ball indirekt ein, das heißt, er läßt ihn aus geringer Höhe auf den Tisch fallen und spielt ihn dann kurz nach dem Aufsprung zum Trainierenden. Dies kann mit Unterschnitt, Oberschnitt oder ohne Schnitt geschehen, je nach der Zielsetzung des Trainings.

Der Trainer muß in der Lage sein, die Bälle sowohl mit der Vorhand als auch mit der Rückhand einzuspielen, damit er es aus verschiedenen Positionen am Tisch beherrscht. Diese Positionswechsel des Trainers sind wichtig, weil sich der Spieler sonst angewöhnen kann, die Bälle immer auf dieselbe Stelle zu plazieren (schließlich soll er dem Trainer ja nicht auf den Schläger spielen). Das Einspielen wird durch eine lockere Schlägerhaltung – etwa so wie beim Vorhand-Aufschlag – erleichtert.

Zweiter wichtiger Aspekt des Balleimer-Trainings ist das Beinarbeittraining. Hier steht dann oft die konditionelle Komponente im Vordergrund. Ist die Frequenz der zugespielten Bälle sehr hoch, wird in erster Linie die Schnelligkeit trainiert. Dabei dürfen die Serien aber nicht zu lang werden; nach maximal 12 Bällen ist eine gleich lange Pause. Es werden 3 bis 6 Serien gespielt. Bei geringerer Zuspielfrequenz und etwas längeren Serien (15–40 Bälle) steht die Verbesserung von Schnelligkeitsausdauer und Ausdauer im Vordergrund. Aber auch hier muß der Trainer darauf achten, daß die Belastung des Spielers nicht zu hoch wird, da die sonst anfallende Übersäuerung der Muskulatur zwangsläufig zu einer Verschlechterung der Schlagtechnik führt.

Natürlich sind fast alle im Kapitel Systemtraining behandelten Aspekte des Tischtennisspiels mit Balleimer-Training zu verbessern. Die Lerngeschwindigkeit ist viel höher, weil der Spieler in der gleichen Zeiteinheit seine Zielübung häufiger wiederholen kann als in einer Partnerübung. Es ist jedoch darauf zu achten, daß die im Balleimer-Training erworbenen Fähigkeiten anschließend in Trainingsübungen mit einem Partner möglichst spielnah angewendet werden.

DER TISCHTENNISSCHLÄGER – WERKZEUG ODER «WUNDERWAFFE»?
(von Siegfried Möller)

Im folgenden wollen wir die einzelnen Komponenten des Schlägers und ihr Zusammenwirken hinsichtlich der technischen Eigenschaften betrachten. Die hier zusammengefaßten Informationen zum Thema Tischtennis-Schläger, Beläge und Hölzer erheben keinerlei Anspruch auf Vollständigkeit. Wir möchten Erfahrungen weitergeben, die wir während der Entwicklung und Beurteilung von Schlägermaterialien, aber auch und besonders bei der konkreten Beratung einzelner Spieler und der Lösung ihrer Probleme gemacht haben.

Wir hoffen, daß nach Lesen des Kapitels Entscheidungen für oder gegen bestimmte Schlägermaterialien unter dem Aspekt «Optimales Material für optimales Spiel» rationaler getroffen werden können.

Das System Spieler ↔ Schläger ↔ Ball

Hier müssen – vom Spieler aus gesehen – der aktive und der passive Teil dieses Wirkungsgefüges betrachtet werden.

Aktiv:
Der Spieler beeinflußt durch seine Bewegung (Schlagtechnik) mit Hilfe seines Schlägers
- das Tempo
- die Rotation
- die Richtung

und damit die Flugbahn des Balles.

Passiv:
Der ankommende Ball beeinflußt durch
- sein Tempo
- seine Rotation
- seine Richtung

die Flugbahn des Rückschlages.

Bei der Betrachtung des passiven Teils muß aber auch die Wahrnehmung des Spielers erörtert werden.
Der Spieler nimmt über seinen Schläger Informationen über
- ▶ den Zeitpunkt
- ▶ die Zeitdauer
- ▶ den Ort (in Beziehung zum eigenen Körper bzw. Bewegungsablauf)
- ▶ den Ort (auf dem Schläger)
- ▶ die Art (zentral oder peripher)

des Ballkontaktes auf.
Diese Wahrnehmung ist wichtig für die eigene Fehlerkorrektur. Fehlt sie völlig oder ist sie stark eingeschränkt, so spricht der Spieler von schlechter «Ballkontrolle».
Ballkontrolle beim Tischtennis wird bestimmt von zwei Aspekten:
- ▶ der aktiven Ballkontrolle – Ballführung, Plazierung,
- ▶ der passiven Ballkontrolle – Fehleranfälligkeit.

Diese beiden Aspekte verlaufen nicht immer parallel zueinander. So kommt es z. B. im Anfängertraining bei zunehmender Haftfähigkeit der Oberfläche zu einer Zunahme der aktiven Ballkontrolle (Ballführung wird verbessert!), aber zu einer Abnahme der passiven Ballkontrolle (die Anfälligkeit gegen gegnerischen Spin vergrößert sich).
Unserer Meinung nach ist Ballkontrolle vor allem ein individueller Faktor. Wenn das Schlägermaterial hinsichtlich seiner technischen Eigenschaften optimal auf den Spieler, seine bevorzugten Bewegungsabläufe und auch auf seine Schwächen abgestimmt ist, ist die Ballkontrolle maximal!

Das Zusammenwirken von Schlägerholz und Schlägerbelag

Im Tischtennis vom Tempo und Effet oder Spin eines Schlägers zu reden ist physikalisch sicher nicht korrekt. Gemeint ist die Geschwindigkeit des geschlagenen Balles und seine Rotation – und die ist nicht nur von den Eigenschaften des Sportgerätes abhängig. Um aber nicht eingebürgerte Begriffe wie Tempo und Effet durch die Wortungetüme Rückprallelastizität und Reibungskoeffizient oder ähnliche ersetzen zu müssen, werden wir sie im weiteren verwenden. Welche der beiden Komponenten des Schlägers den größeren Einfluß auf die technischen Eigenschaften (Tempo, Spinmöglichkeiten) des Schlägers hat, wird – auch von erfahrenen Spielern und Trainern – am häufigsten falsch eingeschätzt.

Allgemein bekannt ist, daß der Anteil des Holzes am Spinverhalten des Schlägers eher gering ist. Extrem schnelle Hölzer und solche mit besonders harten Außenfurnieren setzen die Effetmöglichkeiten des Schlägers zwar herab, entscheidend ist aber in erster Linie die Haftfähigkeit der Belagoberfläche, an zweiter Stelle die Härte und Dicke der Schaumunterlage und erst zuletzt die Beschaffenheit des Schlägerholzes. Den Anteil Holz/Belag am Effetverhalten meßtechnisch zu bestimmen ist äußerst schwierig. Am statischen System (Schläger in Ruhe, Objekt [Ball oder anderes...] in Bewegung) ergeben sich Anteile von maximal 25 % für das Schlägerholz bei Verwendung von Noppengummi (kurze Noppen: z. B. Barna etc.) ohne Schwammunterlage. Bei Verwendung von Schwammunterlagen in maximaler Dicke sinkt der Holzanteil auf ca. 5 %. Am dynamischen System (Schläger und Ball in Bewegung) läßt sich dies nur unter großem Aufwand messen und ist unseres Wissens noch nicht untersucht worden. Leider ist auch auf die subjektive Beurteilung selbst guter Spieler nur wenig Verlaß, weil die sehr komplexe Wahrnehmung des Ball-

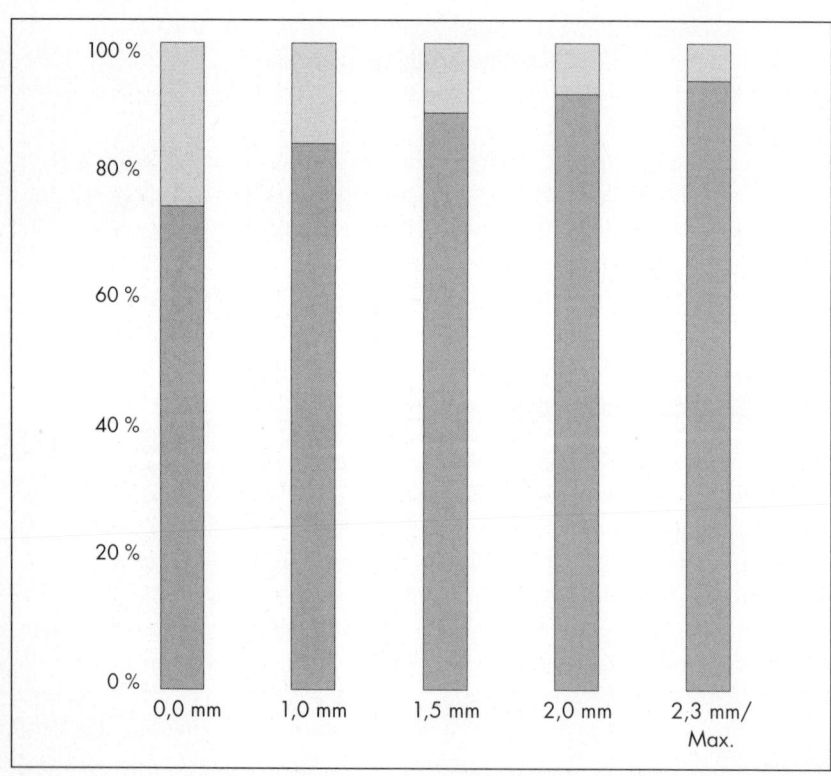

Das Zusammenwirken von Schlägerholz und Schlägerbelag

kontaktes häufig zu Fehleinschätzungen führt. Es ist anzunehmen, daß der tatsächliche Einfluß des Schlägerholzes im Spiel etwas höher liegt.

Schwammstärke	Anteil Belag	Anteil Holz
0,0 mm	75 %	25 %
1,0 mm	85 %	15 %
1,5 mm	90 %	10 %
2,0 mm	93 %	7 %
2,3 mm / Max.	95 %	5 %

Der Anteil von Holz und Belag am Tempo des Schlägers ist abhängig von der Belagdicke und der Art des Belages. Die folgenden Werte sind nur angenäherte Durchschnittswerte und beruhen auf einer Vielzahl von durchgeführten

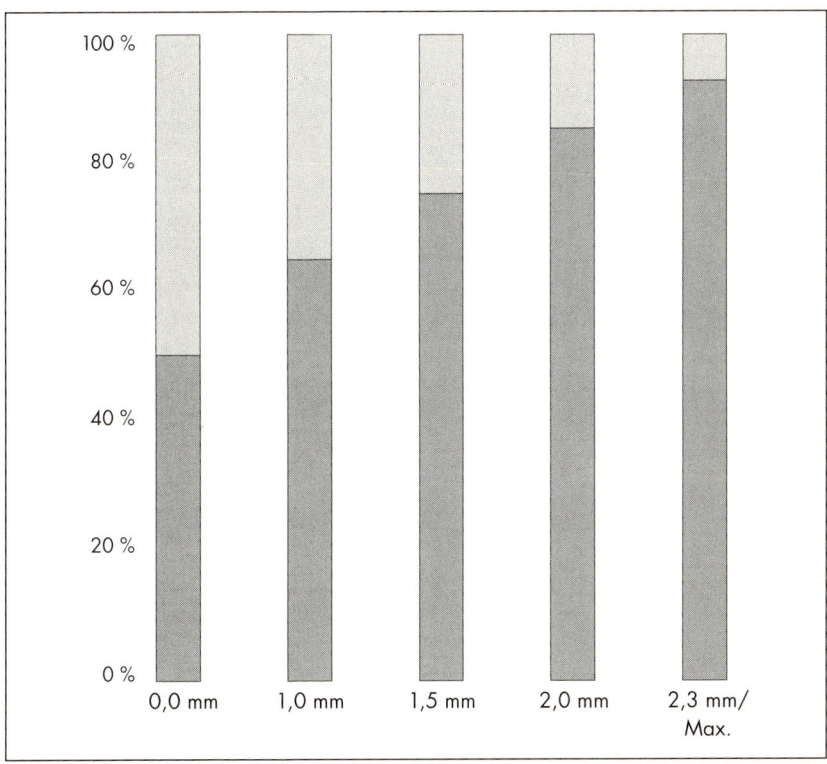

Messungen am statischen System. Auch hier wären dynamische Messungen wünschenswert. Die Wettkampfbedingungen sind aber für den Bereich des Schlägertempos besser und leichter zu simulieren als für den Bereich Effet. Die angegebenen Werte sind unserer Meinung nach für die praktische Arbeit und die Einschätzung der Auswirkungen von Materialveränderungen aber ausreichend. Interessanterweise wird der Einfluß des Holzes auf das Tempo des Schlägers von der Mehrzahl der Spieler und auch der Trainer deutlich überschätzt.

Schwammstärke	Anteil Belag	Anteil Holz
0,0 mm	50 %	50 %
1,0 mm	65 %	35 %
1,5 mm	75 %	25 %
2,0 mm	85 %	15 %
2,3 mm / Max.	92 %	8 %

Bleibt noch die Frage zu erörtern, weshalb denn dann überhaupt dem Holz soviel Beachtung geschenkt wird, wenn doch die technischen Eigenschaften überwiegend vom Belag bestimmt werden?

Das Ballgefühl – so unscharf der Begriff auch sein mag – hängt ganz wesentlich vom Schlägerholz ab. Die Rückmeldungen über den Ballkontakt – wie, wann und wo habe ich den Ball getroffen? – sind bei einem qualitativ hochwertigen Schlägerholz besser ausgeprägt. Es kommt noch hinzu, daß der Spieler sich sehr stark an sein Schlägerholz gewöhnt. In der Praxis ist der Wechsel eines Schlägerholzes viel diffiziler und erfordert wesentlich mehr Feinabstimmung als ein Belagwechsel.

Welche Faktoren bestimmen die Eigenschaften eines Schlägerbelages?

Hier sind folgende Faktoren zu nennen:
- Belagart (Noppen innen, außen, lange Noppen...),
- Material der Decklage,
- Noppenbreite b,
- Noppenabstand a,
- Noppenhöhe h,
- Dicke der Decklage d,

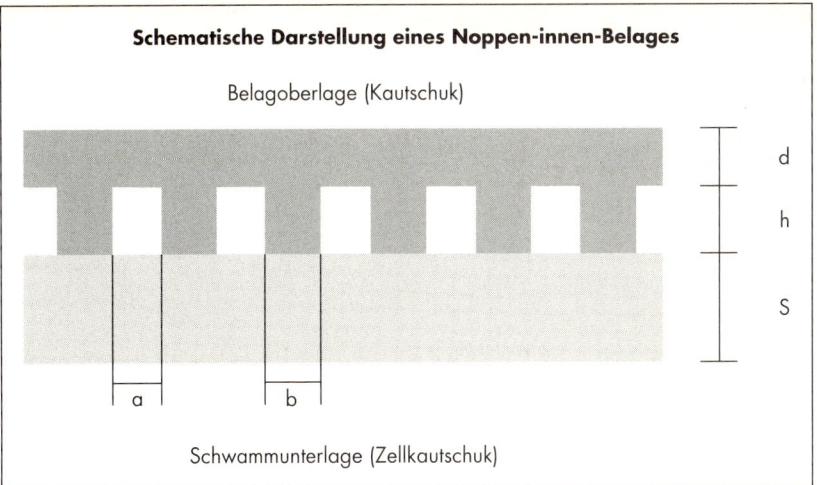

Schematische Darstellung eines Noppen-innen-Belages

- ▶ Material der Schwammunterlage,
- ▶ Porengröße der Schwammunterlage,
- ▶ Stärke der Schwammunterlage S.

Verändert man nun – z. B. beim Noppen-innen-Belag – eine der o. a. Variablen und hält die anderen konstant, so gilt:
Das Tempo eines Schlägerbelages steigt mit:
- ▶ zunehmender Schwammstärke S,
- ▶ zunehmender Noppenbreite b,
- ▶ abnehmendem Noppenabstand a.

Für die beiden Variablen Dicke der Decklage und Noppenhöhe gibt es bezüglich des Belagtempos ein Optimum. Ein Abweichen vom optimalen Wert führt in jedem Falle zu Tempoverlust. Auch weichen die Tempo-Maxima für Topspin-Schläge und gerade Schläge (Block/Konter/Endschlag) voneinander ab. Die etwas dickere Decklage kann zu mehr Tempo beim Endschlag und zu weniger Tempo beim Topspin führen.
Der Effet eines Schlägerbelages steigt
- ▶ mit zunehmender Schwammstärke,
- ▶ mit abnehmender Noppenbreite,
- ▶ mit zunehmendem Noppenabstand,
- ▶ mit abnehmender Schwammhärte.

Gruppierung nach Belagtypen

Um in der Materialvielfalt nicht den Überblick und den Blick für das Wesentliche zu verlieren, muß man das Angebot strukturieren, ähnliche Beläge zu Gruppen zusammenfassen und sich hinsichtlich ihrer Eigenschaften im klaren sein.
In der Praxis bewährt hat sich die Einteilung in folgende Gruppen:
1. Noppen-innen vario-offensiv
2. Noppen-innen spin-offensiv
3. Noppen-innen allround
4. Noppen-innen defensiv
5. Noppen-innen Anti-Spin
6. Noppen-außen lange Noppen (defensiv, mit/ohne Schwamm)
7. Noppen-außen mittellange Noppen (defensiv/allround)
8. Noppen-außen kurze Noppen (tempo-offensiv)
9. Noppen-außen ohne Schwamm (Noppengummi-defensiv)

Die Übergänge zwischen diesen Gruppen sind zum Teil fließend.
Diese Belaggruppen werden auf den folgenden Seiten jeweils durch die Angabe charakteristischer Merkmale, Beispiele (ohne Anspruch auf Vollständigkeit) und ein Diagramm beschrieben.
Zu den charakteristischen Merkmalen gehören:
▶ das Tempo,
▶ der Spin,
▶ Feedback, Ballrückmeldung,
▶ Variationsmöglichkeiten Tempo,
▶ Variationsmöglichkeiten Spin,
▶ Fehlersicherheit,
▶ Störeffekt.

Sicherlich sind Tempo- und Spin-Eigenschaften von Belägen die entscheidenden Merkmale, die Wichtigkeit der anderen Faktoren wird aber unterschätzt. Gerade bei Lösungen von konkreten Problemen (z. B. Kaschierung einer Rückhandschwäche beim Block) sind Faktoren wie Fehlersicherheit oder Feedback sehr wichtig!
Die korrekte Einschätzung eines Belages hinsichtlich seiner Eigenschaften kann nicht immer pauschal vorgenommen werden. Die Belastungskennlinien sind nur sehr selten annähernd linear. Es gibt Beläge, die unter hoher Belastung (Endschlag oder Schlagspin) dem Ball wesentlich mehr Tempo geben als andere, die dies im mittleren oder unteren Belastungsbereich tun.

Die gleichzeitige Maximierung von Spin, Tempo und Ballkontrolle ist nur bis zu einer gewissen Obergrenze möglich. Danach geht die stärkere Forcierung der einen Eigenschaft zu Lasten einer oder beider anderen.
Einige typische Verteilungen:

Gruppe 1: Noppen-innen-Beläge «vario-offensiv»
Dies ist die mit Abstand meistgespielte und vielseitigste Belaggruppe. Zu ihr gehören die seit Jahren bekannten Sriver, Mark-V, Coppa, Vario, Zenith, Laser, Clipper, Speedy Spin, Hi-Super-Drive, Vector und viele andere.

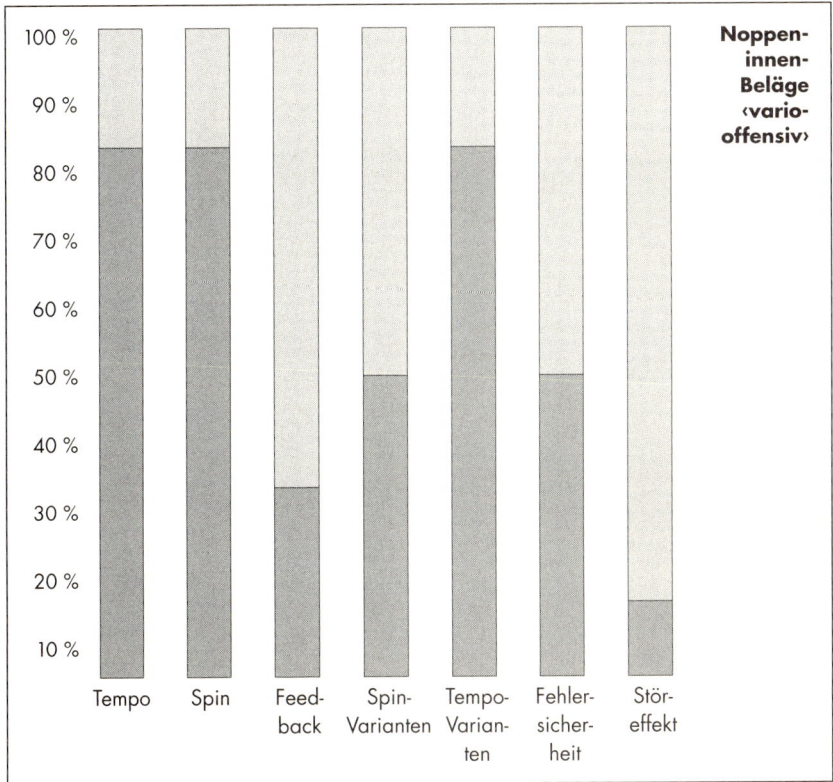

Grundsätzlich können die Beläge dieser Kategorie in Stärken 1,0–1,2 auch als Defensiv-Beläge, in 1,3–1,7 als Allround-Beläge und in 1,8–2,0 auch als Spin-Offensiv-Beläge eingesetzt werden. Allerdings gibt es für diese Fälle in der Regel spezielle Beläge, die dem jeweiligen Anwendungszweck besser genügen.

Gruppe 2: Noppen-innen-Beläge «spin-offensiv»

Eine Belaggruppe, die in mittleren und unteren Klassen besonders häufig gespielt wird. Vorteil: sehr gute Spin-Möglichkeiten bei einer relativ hohen Fehlersicherheit. Nachteil: Mit diesen Belägen läßt sich nur relativ schwer Druck machen. Deshalb sind sie im Spitzensport sehr selten anzutreffen. Typische Vertreter: Tackiness-D, Twin-Slick, Marathon, Hikari, Vari-Spin, Sensito-MTS, Focus...

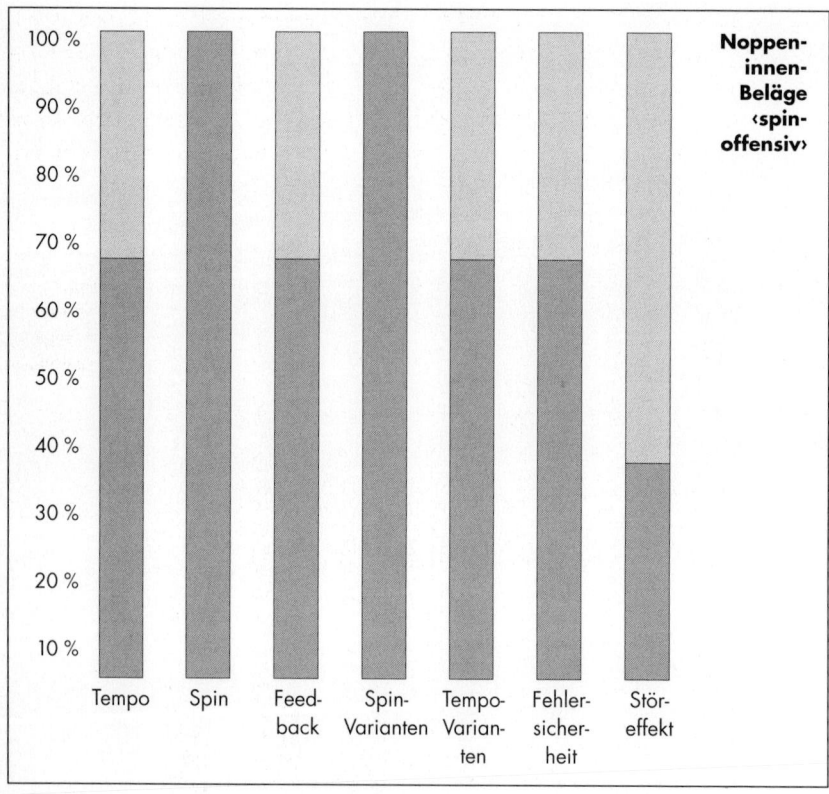

Sehr häufig werden diese Beläge in Stärken von 1,0–1,3 mm als aggressive Defensiv-Beläge eingesetzt. Sie sind dann aktiver als reine Defensiv-Beläge zu spielen, bieten aber nicht die Fehlersicherheit wie diese. In Stärken von 1,5–1,7 mm können sie auch als Allround-Beläge eingesetzt werden. Die vom Spieler häufig favorisierte Lösung, diese Beläge wegen ihres geringeren Tempos auf der (passiveren) Rückhand einzusetzen, ist problematisch, weil die starke Oberflächenhaftung die Bälle deutlich höher vom Schläger abspringen läßt. Der Spieler blockt nicht mehr über den Tisch hinaus, «lädt» aber mit «Vorlagen» zum Endschlag ein.

Gruppe 3: Noppen-innen-Beläge «allround»

Diese Belag-Gruppe verdiente ihre Bezeichnung in der Vergangenheit. Mitte bis Ende der 60er Jahre war Butterfly-Soft-D 13 unter dem Namen Butterfly-Allround der meistgespielte Belag. Dragutin Surbek wurde mit diesem Belag 1968 in Lyon Europameister. In den nächsten Jahren verloren Beläge dieser Kategorie durch den Trend zum dynamischeren und spinbetonteren Spiel allerdings ihre marktbeherrschende Stellung zugunsten der «vario-offensiven» Beläge. «Allround»-Beläge werden heute eher Einsteigern oder Hobby-Spielern angeboten. Sie sind die idealen Beläge zum Erlernen der Grundtechniken des

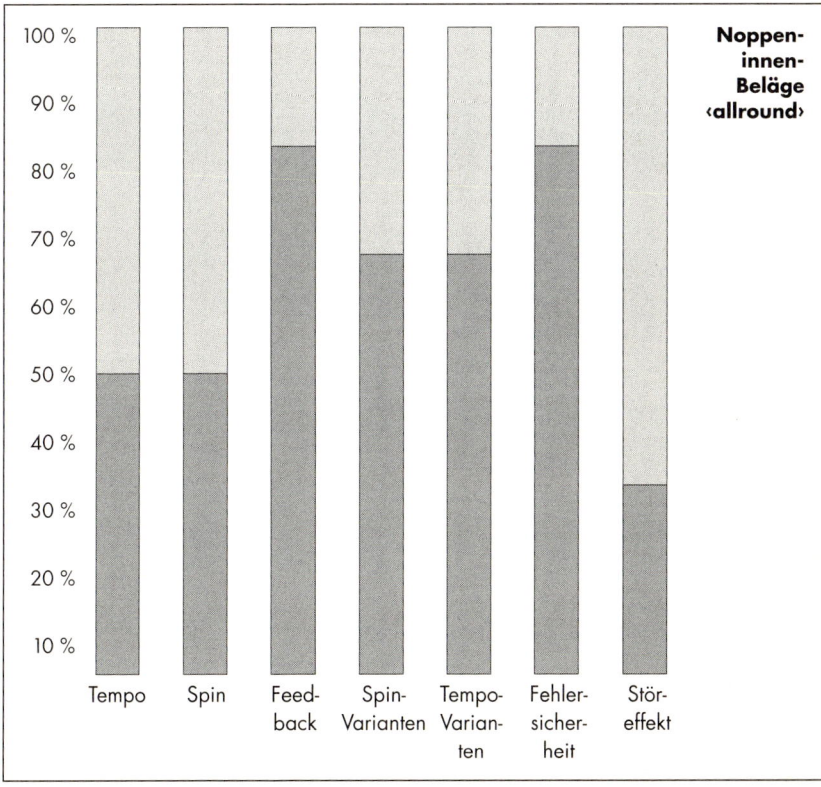

modernen Tischtennisspiels, weil sie eine gute Rückmeldung über den Ballkontakt liefern, über reduziertes Tempo und reduzierten Spin kleine technische Fehler verzeihen und den Spieler wegen ihrer Vielseitigkeit nicht zu früh auf eine bestimmte Spielweise festlegen, ihm noch alle Entwicklungsmöglichkeiten offenlassen.

Der Namensgeber dieser Gruppe – Butterfly-Allround – ist nicht mehr erhältlich. Typische Vertreter sind Thema, Flextra, Trophy...

Gruppe 4: Noppen-innen-Beläge «defensiv»

Ausgestattet mit sehr hohen Effetwerten (durch supergriffige Oberflächen) und reduziertem Tempo (durch weiche Schäume), bieten diese Beläge beste Möglichkeiten zur klassischen Defensive. Im modernen «aggressiven Defensiv-Spiel» bedürfen sie allerdings der Ergänzung durch einen «Kombi-Belag», z. B.

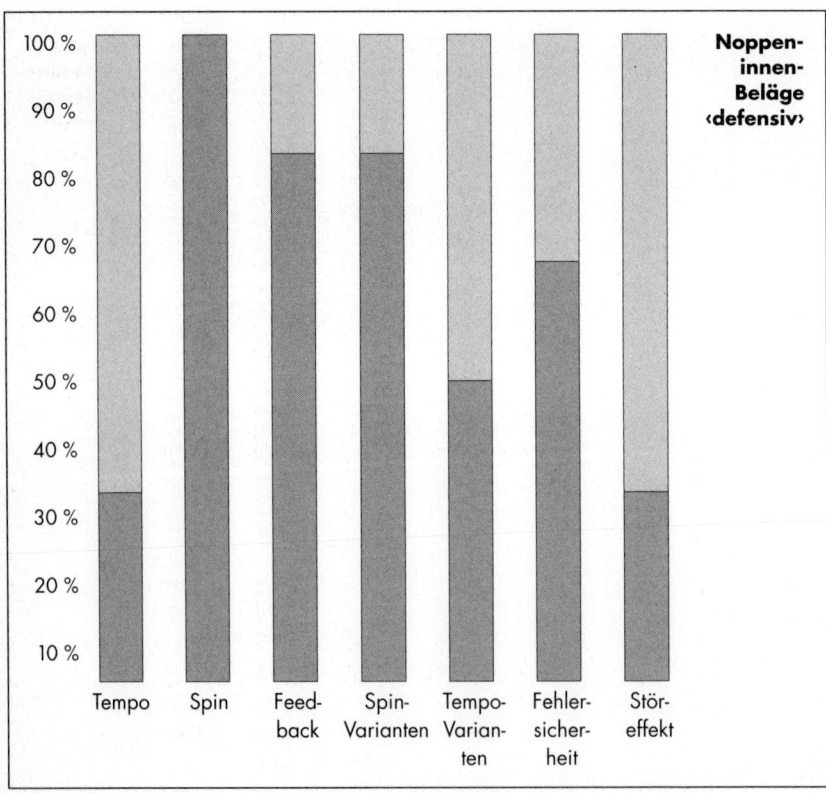

lange Noppen oder Anti-Spin. Die optimale Belagstärke für diese Beläge hängt sehr stark von der Technik des Spielers ab. In höheren Klassen wird durchaus auch mit 2,0 mm abgewehrt, in den unteren Klassen bevorzugt man Stärken von 1,0 bis ca. 1,5 mm. Der Grund dafür ist einleuchtend: Beläge mit hohen Schwammstärken geben dem Ball bei der Unterschnittbewegung neben dem enormen Drall auch sehr viel Tempo. Beides zusammen ergibt eine sehr langgestreckte – beinahe gerade – Flugbahn. Dadurch ist die Fehlertoleranz über dem Netz (zwischen unterhalb der Netzoberkante und hinter der Grundlinie) sehr klein – folglich nur mit größerem Trainingsaufwand und perfekter Technik zu bewältigen.

Typische Vertreter dieser Kategorie: Tackiness-C, Concret, Slice, Strategy, Defense, Talcus, New-Chopper. Alle weichen, hochgriffigen Beläge spielen sich schneller ab als Beläge mit härteren, elastischeren Oberflächen.

Gruppe 5: Noppen-innen-Beläge «Anti-Spin»

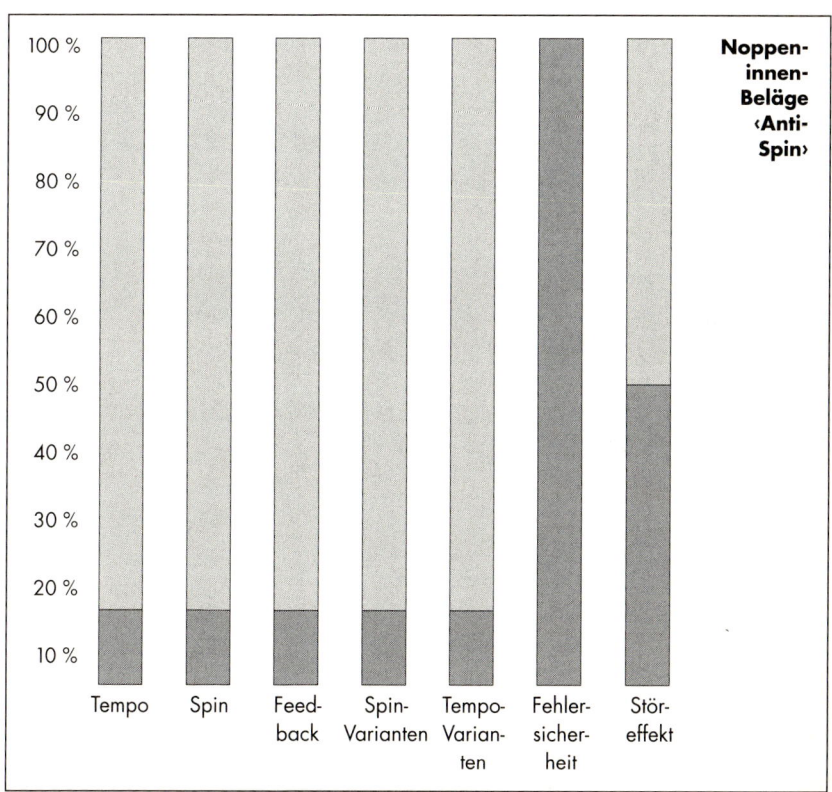

Von der Bauart her handelt es sich um einen Noppen-innen-Belag. Durch die Verwendung anderer Kautschuk-Mischungen und/oder Fertigungsverfahren bzw. Werkzeuge ergeben sich jedoch technische Eigenschaften, die doch zum Teil beträchtlich von den klassischen Noppen-innen-Eigenschaften abweichen.

Sehr großporige Schäume mit geringen Elastizitätswerten und etwas spröde Oberflächen führen beim klassischen Anti-Spin-Belag zu extrem geringen Tempo- und Effet-Werten. Seine Stärken sind die große Fehlersicherheit bei der Annahme spin- oder temporeicher Bälle. Seine Berechenbarkeit führt jedoch auch beim Gegenspieler zu einer großen Fehlersicherheit. Seine fehlenden Reserven für eigene Aktivitäten sind seine größte Schwäche. Wird der Anti-Spin aber von einem geschickten, kreativen und variablen Defensiv-Spieler als Kombi-Belag mit einem spinreichen Defensiv-Belag eingesetzt, kann er zumindest in den unteren Klassen durchaus noch eine Alternative darstellen.

Im Laufe der Jahre hat es immer wieder Versuche gegeben, Anti-Spin-Beläge durch erhöhte Elastizität und/oder Griffigkeit gefährlicher zu machen (Beispiele: Absorber, Attack-New-Anti, Double-Fish 820-B...). Leider geht dabei meistens der größere Teil des Anti-Effektes verloren. So kann man z. B. den Attack-New-Anti eigentlich nur einen – etwas passiven – Allround-Belag nennen.

Klassische Vertreter der Kategorie sind T. Hold-Anti-Topspin, Super-Anti, Anti-Power, Best-Anti... Alle Anti-Spin-Beläge verfügen über eine hervorragende Haltbarkeit. Nennenswerte Griffigkeit, die verlorengehen könnte, ist nicht vorhanden.

Gruppe 6: Noppen-außen-Beläge lange Noppen (defensiv, mit/ohne Schwamm)

Was ist eigentlich eine lange Noppe?
Natürlich gibt es keine feste Grenze. Für die Praxis hat es sich eingebürgert, bei Noppenlängen über 1,6 mm von langen Noppen, bei 1,0–1,5 mm von mittellangen Noppen und unter 1,0 mm von kurzen Noppen zu sprechen. Die Übergänge sind allerdings genauso fließend wie bei allen anderen Belaggruppen auch.

Über keine andere Belagart werden mehr Ungereimtheiten verbreitet als über diese. Ob diese mehr von den Anwendern oder ihren Gegnern in Umlauf gebracht werden, ist ungewiß. Folgende Behauptungen sind jedenfalls in dieser Form unzutreffend:

▶ der Ball ändert unterwegs seine Richtung, fliegt in Schlangenlinien und/oder Zickzackkurs,
▶ der Ball wird während des Fluges schneller,

- der Ball beschleunigt vor dem Auftreffen auf den Tisch und bleibt dann überraschend liegen,
- der Ball ändert während des Fluges seine Rotationsrichtung.

Viele der «Beobachtungen» lassen sich durch die Diskrepanz zwischen erwarteter Ballflugbahn und tatsächlich beobachteter Ballflugbahn erklären. Diese Fehleinschätzungen sind noch immer häufig, wenn das regelmäßige Training gegen solche Materialien fehlt.

Eines der für beide Seiten entscheidenden Probleme ist die korrekte Einschätzung: Knickt die Noppe oder knickt sie nicht? Für bestimmte Winkel (>85° oder <65°) steht die Antwort bereits vor dem Ballwechsel fest.

Bei Winkeln >85° knickt die Noppe nie, bei Winkeln <65° knickt sie immer! Im Bereich zwischen diesen beiden Grenzwinkeln hängt es von Tempo und Rotation des ankommenden Balles ab, ob die Noppe knickt oder komprimiert

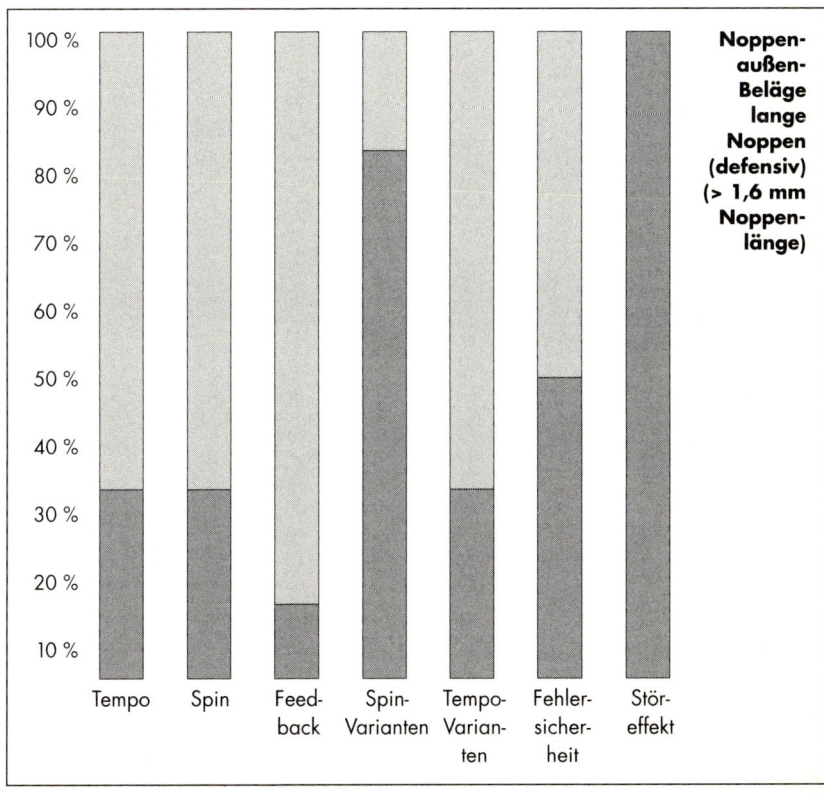

wird. Wenn sie knickt, verliert der Belag nahezu seine gesamte Elastizität und Griffigkeit; wenn sie komprimiert wird, bleibt ein großer Anteil an Elastizität übrig, mit dem überraschende Spielvariationen möglich sind.

Die langen Noppen – gleich, in welcher Form – sind sehr trainingsintensive Beläge. Ihre Beherrschung verlangt ein Mindestmaß an Technikschulung. Dem Anfänger oder Hobby-Spieler können sie deshalb nicht empfohlen werden.

Die großen Variationsmöglichkeiten beim Spin sind irreführend! Sie beruhen auf der Möglichkeit, mit dem Spin des ankommenden Balles unterschiedlich umzugehen – ihn entweder herauszunehmen oder nicht zu beeinflussen.

Typische Vertreter sind Feint, Twister, Zicco, Grass, Curl, Phantom… Für ihre doch geringe Marktbedeutung ist die Spezies überraschend vielfältig. Dies liegt nicht zuletzt daran, daß gerade kleinere Firmen auf diesem Spezialgebiet sehr viele Experimente unternommen haben.

Die Variante ohne Schwamm hat für den Anwender einen Vorteil: Die Rückmeldung über den Ballkontakt ist einfach besser! Dies wiegt den klei-

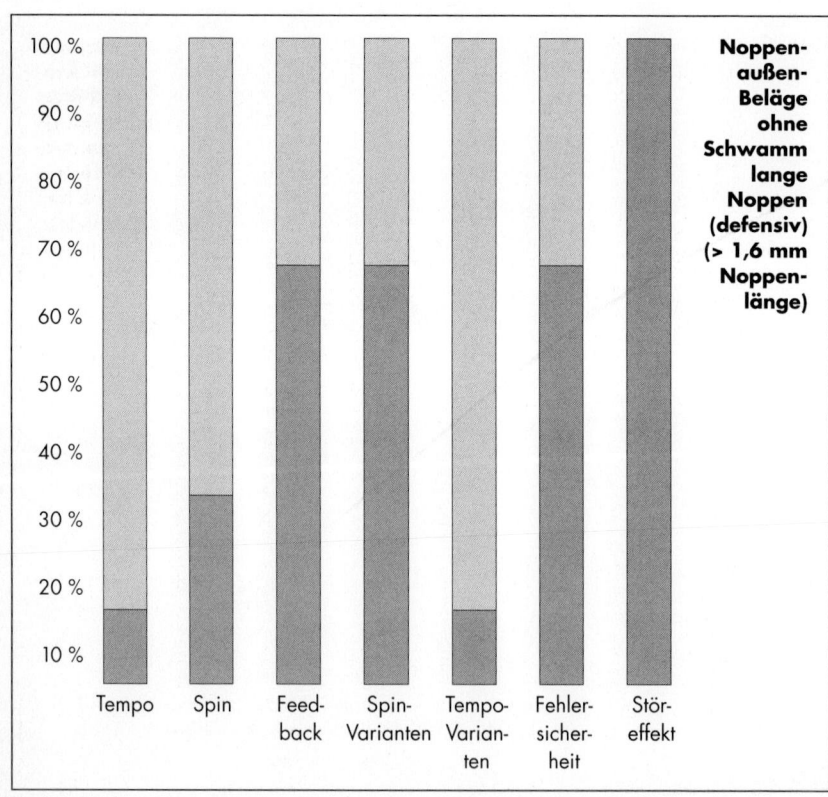

nen Nachteil der etwas unbeweglicheren Noppen auf. Auch ist die Wahrnehmungsdiskrepanz bei diesen Belägen im Spiel nach vorn noch extremer als bei den gleichen Belägen mit Schwammunterlage.

Gruppe 7: Noppen-außen-Beläge mittellange Noppen (defensiv/allround)

Bei Noppenlängen zwischen 1,0 und 1,5 mm sprechen wir von mittellangen Noppen. Die Wirkungsweise ist der der langen Noppen sehr ähnlich, allerdings mit größerer Sicherheit und geringerem Störeffekt. Auch werden diese Beläge auf der Rückhandseite als Blockbeläge eingesetzt, wenn der Spieler Kontroll-Probleme mit Topspin-Bällen hat.
Typische Vertreter sind Attack-3, Zicco, Magnitude, Curl, Millitall...

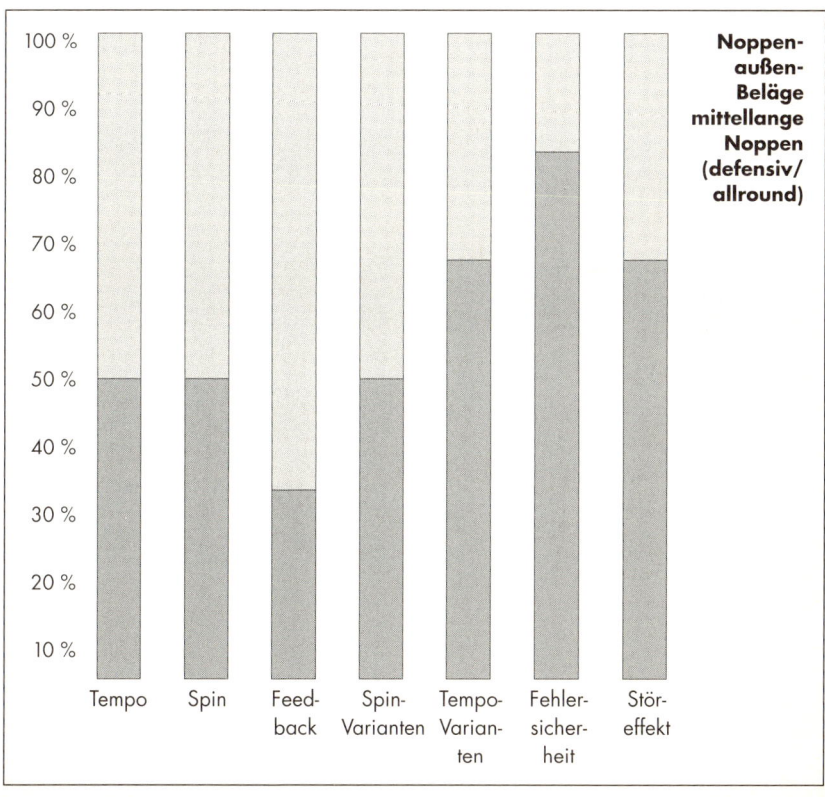

Gruppe 8: Noppen-außen-Beläge kurze Noppen (tempo-offensiv)

Die kurzen Noppen-außen-Beläge lassen nur ein tempo-offensives Spiel zu. Ihre kleine Ballkontaktfläche – nur ca 38 % der Belagoberfläche sind von Noppen bedeckt, der Rest sind die Zwischenräume – führt zu einer gegenüber den Noppen-innen-Belägen verringerten Oberflächenhaftung. Man kombiniert sie in der Regel mit harten, hochelastischen Schäumen, um aus den direkten Endschlägen bzw. Blockbällen maximales Tempo herauszuholen.

Der sehr direkte Ballabsprung und die durch den fehlenden Topspin gestreckte Flugbahn führt zu Fehleinschätzungen beim Gegner – hat also auch einen gewissen Stör-Effekt.

Klassische Vertreter sind z. B. Spectol, Speedy-Soft, Rosin, Celsius, Challenger, Resilon, DF-820-A…

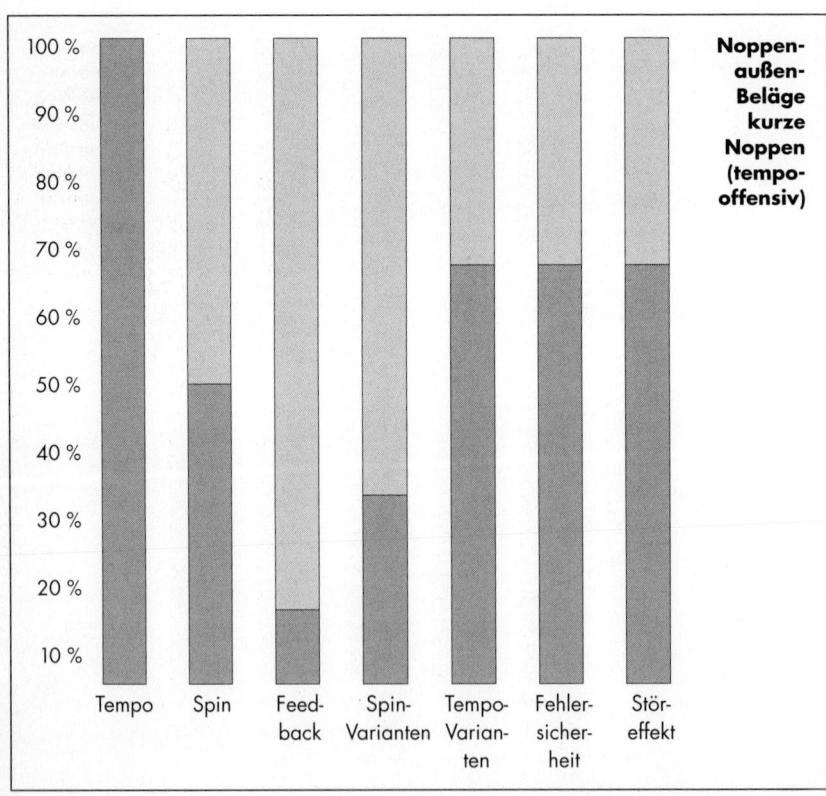

Gruppe 9: Noppen-außen-Beläge kurze Noppen ohne Schwamm (Noppengummi – defensiv)

Diese Belaggruppe verliert von Jahr zu Jahr an Bedeutung. Die geringen Möglichkeiten, Spin und Tempo zu variieren, können auch durch große Fehlersicherheit und perfektes Ballgefühl nicht annähernd ausgeglichen werden. Erschwerend kommt hinzu, daß sich die Qualität der Noppengummi-Beläge in den letzten Jahren verändert hat. Die weichen Mischungen des berühmten englischen Noppengummis Barna, des Leach-Noppengummis, wurden aus technischen Gründen abgelöst durch solche japanischer Bauart, die wesentlich härter ausfallen.

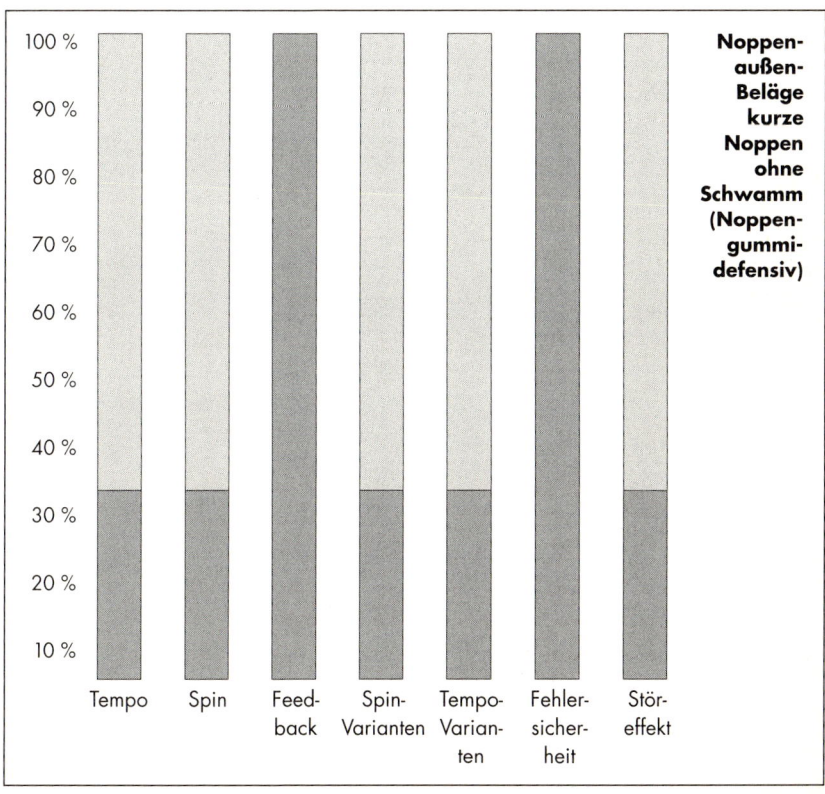

Schlägerhölzer

Die Eigenschaften des Schlägerholzes sind abhängig von folgenden Faktoren:
- Art der verwendeten Furniere (Holzarten) und eventuelle zusätzliche Materialien (Carbon/Kevlar/Glasfiber/komprimiertes Papier etc.),
- Dicke der Furniere,
- Anzahl der Furniere,
- Art der Furnier-Verleimung,
- Form des Schlägerblattes,
- Größe des Schlägerblattes,
- Verleimung des Griffes,
- Griffmaterial.

Durch Variation verschiedener Ausgangsbedingungen versucht man, die Eigenschaften zu optimieren. Z. B. waren Schlägerhölzer in der Vergangenheit entweder hart und schnell oder weich und langsam. Einer der Entwicklungs-Fortschritte besteht darin, daß es heute durch Kombination unterschiedlicher Materialien gelingt, Hölzer zu bauen, die schnell sind und dennoch eine gute Rückmeldung über den Ballkontakt und eine weiche Ballführung haben. Dies kann auf verschiedene Weise erreicht werden:
- durch Kombination weicher Außenfurniere mit harten Hölzern im Inneren des Blattes,
- durch Verwendung dickerer, weicher Furniere,
- durch Erhöhung der Anzahl der Furniere.

Ebenso ist es heute möglich, Defensiv-Hölzer zu bauen, die den Ball ganz weich führen, dennoch aber so viele Tempo-Reserven haben, daß man Konter-Aktionen mit viel Druck erfolgreich abschließen kann.
Für diesen Zweck werden entweder:
- weiche Kernfurniere mit hauchdünnen, harten Außenfurnieren versehen

oder

- weiche, dicke Außenfurniere mit härteren Sperrfurnieren unterfüttert.

Generell beeinflußt die Veränderung einer der Eigenschaften die Konstanz der anderen:
- je dicker das Furnier, desto schneller;
- je kleiner das Schlägerblatt, desto schneller;
- je größer der Steg (d. h. der Teil des Schlägerblattes, der an den Griff anschließt und nicht vom Belag bedeckt ist), desto schneller;

- ▶ je mehr Furniere, desto schneller;
- ▶ je härter der Leim, desto schneller;
- ▶ je fester das Griffmaterial, desto schneller.

(Kleinere Veränderungen zwischen verschiedenen Hölzern sind nicht spürbar, aber z. B. ein Korkgriff verändert die Spieleigenschaften ganz entscheidend – der Schläger wird langsamer.)

Die Verwendung von Carbon, Kevlar, Glasfiber bzw. komprimiertem Papier (auch als Ausgleichsfolie bekannt!) bewirkt neben einer Verbesserung der Widerstandsfähigkeit gegen Materialermüdung vor allem eine größere Trefferzone. Die normalerweise elliptische optimale Trefferzone wird nahezu kreisförmig und merklich größer. Leider bewirken diese Materialien meist einen relativ harten Ballanschlag. Nur mit sehr ausgefeilten, sorgfältig abgestimmten Furnierkombinationen gelingt es, den Ballkontakt zu verlängern.

Die Marktbedeutung dieser Schläger ist, wohl wegen des hohen Preises, relativ gering.

Gruppierung von Schlägerhölzern

Ähnlich wie bei den Belägen sollte man sich auch das Angebot an Schlägerhölzern etwas strukturieren. Die Anzahl der Gruppen ist aber kleiner. Es gibt

- ▶ defensive Hölzer,
- ▶ Allround-Hölzer,
- ▶ spin-offensive Hölzer,
- ▶ vario-offensive Hölzer,
- ▶ tempo-offensive Hölzer.

Eine detaillierte Beschreibung dieser Gruppen ist nicht notwendig, weil sie sich vor allem hinsichtlich ihres Tempos unterscheiden. Zusätzlich gibt es einen Trend, bei den Defensiv-Furnieren weichere und bei den Offensiv-Furnieren härtere Außenfurniere zu verwenden.

Gibt es den optimalen Schlägergriff?

Der richtige Griff ist immer eine individuelle Lösung. Die etwas ausgeformten Griffe wie konkav, anatomisch, konisch oder ergonomisch können vom Spieler mit weniger Kraftaufwand in der Hand fixiert werden, sind allerdings auch weniger variabel als der klassische «gerade» Griff zu spielen. Die Entscheidung über den für ihn richtigen Griff kann nur der Spieler selbst fällen.

Wichtig ist die korrekte Griffverleimung. Ein Luftspalt zwischen Griff und

Blatt läßt das Blatt vibrieren, der Schläger wird langsamer, weniger biegefest und auch weniger kontrollierbar.

Gibt es das optimale Schlägergewicht?

Auch hier sind individuelle Vorlieben gefragt. Generell gilt, daß ein Schläger weniger Kraftaufwand verlangt, wenn er leichter ist. Eine untere Grenze der Stabilität ist bei ca. 70 g zu finden. Noch leichtere Schläger sind relativ bruchempfindlich und nicht zu empfehlen. Überhaupt ist der Trend zum extra-leichten Schlägerholz in den letzten Jahren zum Stillstand gekommen. Das meistgespielte Schlägergewicht hat sich bei ca. 85–90 g eingependelt. Gerade im höherklassigen Bereich werden auch schon einmal Schlägerhölzer mit 100–110 g Gewicht verlangt und gespielt.

Was ist bei der Kombination von Belag und Holz zu beachten?

Das Wichtigste bei der Kombination ist die Vermeidung der Extreme. Defensiv-Hölzer mit Offensiv-Belägen und umgekehrt ergeben in den meisten Fällen schwer kontrollierbare Schläger – und nicht automatisch Allround-Eigenschaften. Besser für das Ballgefühl ist es, Hölzer und Beläge aus ungefähr gleichen Bereichen zu kombinieren. Von einem Allround-Holz oder spin-offensiven Holz her kann man nahezu beliebig kombinieren, ohne einen Verlust an Ballgefühl befürchten zu müssen.

Wie zuverlässig sind Katalogtabellen?

Katalogtabellen der Tischtennis-Versender werden immer nur eine stark zusammenfassende, verkürzte Beschreibung eines Belages oder Holzes liefern können. Bitte diese Tabellen nur als Richtlinie betrachten und das Material nach Möglichkeit ausprobieren. Wenn dann nach ausführlichem Test die Entscheidung für eine bestimmte Kombination gefallen ist, sollte man nicht so schnell rückfällig werden und das alte Material weiter verwenden, nur weil es ein paar Tage nicht klappt. Auch bei richtiger Entscheidung braucht man etwas Zeit zum Einspielen, zum Vertrautwerden mit dem Material!

Literaturverzeichnis

BLUM, H. (Red.): 1014 Spiel- und Übungsformen im Tischtennis. Schorndorf 1986
GROSS, B.-U.: Tischtennis-Praxis. Reinbek 1987
GROSS, B.-U.: Tips fürs Tischtennis. Aachen 1992
HOTZ, A., MUSTER, M.: Tischtennis lehren und lernen. Aachen 1992
MUSTER, M.: Tischtennis, Lernen und trainieren. Bad Homburg 1986
HOTZ, A., WEINECK, J.: Optimales Bewegungslernen. Erlangen 1983
OESTH, G., FELLKE, J.: Wie wird man Nr. 1 im Tischtennis? Aachen 1992
RIEDER, H., LEHNERTZ, K.: Bewegungslernen und Techniktraining. Schorndorf 1991
WESTDEUTSCHER TISCHTENNISVERBAND e. V. (Hg.): Leitfaden für die Ausbildung zum Übungsleiter und B-Trainer. Duisburg 1993.

Die Autoren

Bernd-Ulrich Groß, Jahrgang 1957, studierte Sport und Romanistik und war von 1984 bis 1986 im Schuldienst. Seit 1982 ist er in der Trainerausbildung (A, B, C) beim Westdeutschen Tischtennisverband und beim Deutschen Tischtennis Bund tätig. Er übernahm Lehraufträge am Institut für Sportwissenschaft der Rheinisch-Westfälischen Technischen Hochschule (RWTH) Aachen und der Sporthochschule Köln und arbeitete als Trainer u. a. beim Bundesligisten TTC Jülich. Er ist Herausgeber der Lehrzeitschrift «TISCHTENNISLEHRE». Von ihm existieren zahlreiche Veröffentlichungen zur Theorie und Praxis des Tischtennissports (u. a. rororo sport 8615 «Tischtennis-Praxis»).

Dirk Huber, Jahrgang 1949, studierte an der Deutschen Sporthochschule Köln auf Diplom-Sportlehrer. Er kam erst als 20jähriger zum Tischtennis und übernahm bereits nach kurzer Zeit Aufgaben im Nachwuchstraining auf Vereinsebene. Es folgten weitere Stationen als Trainer von Jugend- und Erwachsenenmannschaften auf Bezirksebene. Als einer der ersten A-Lizenz-Trainer des DTTB gelang ihm der Einstieg zum professionellen Trainer 1978 als Coach des Herren-Bundesligisten TTC Simex Jülich. Von 1983 bis 1987 war er Nationaltrainer des Schweizerischen Tischtennis-Verbandes, und seit 1987 arbeitet er als Verbandstrainer des Westdeutschen Tischtennisverbandes in Nordrhein-Westfalen.

Die Autoren

Nicole Struse, 1971 in Haan (Deutschland) geboren, gilt als beste europäische Angriffsspielerin. 1994 wurde sie Dritte bei den Europameisterschaften in Birmingham. Die mehrfache Deutsche Meisterin hat international noch große Perspektiven. Ihr beidseitiges Topspinspiel verdient schon jetzt das Prädikat «Weltklasse».

Andrzej Grubba, 1958 in Brzezno (Polen) geboren, ist seit mehr als 10 Jahren in der Weltspitze vertreten und einer der erfahrensten Profis überhaupt. Besonders gefürchtet ist sein Rückhand-Topspin. Weltweit berühmt ist seine artistische Ballonabwehr, die kein zweiter so beherrscht.

Chen Xinhua, 1960 in Fudschou (China) geboren, zählt zu den besten Abwehrspielern, die es je gab. Seit 1985 gehört er zur Weltspitze. 1985 und 1987 wurde er mit China Mannschafts-Weltmeister. Seit Jahren spielt er für die englische Nationalmannschaft und in der deutschen Bundesliga.

Miroslav Broda, 1964 in Trinec (Tschechien) geboren, war sieben Jahre lang Nationalspieler der ehemaligen Tschechoslowakei. Als Jugendlicher wurde er dreimal Vize-Europameister. Seit Jahren spielt Broda erfolgreich in der deutschen Bundesliga. Er gilt als exzellenter Rückhand-Angreifer mit ausgeprägtem Ballgefühl.

Golf. Ball und Schläger

Golf-Handbuch
von Alex Hay
(rororo sport 8616)

Golf: Der neue Weg
von Les Bolland
(rororo sport 8682)

Besser Golf spielen
von Johnny M. Anderson
(rororo sport 8684)

Golf – der perfekt geregelte Wahnsinn *Regeln leicht verständlich*
von Erich Helmensdorfer
(rororo sport 8689)

Meistergolf
Die Erfolgsstory vom natürlichen Schwung
von Kjell Enhager
(rororo sport 8673)

Putten leicht gemacht
von Bernhard Langer
(rororo sport 8676)

Tennis - Das Psychospiel
von Marlien M. Mackenzie
(rororo sport 9403)

Tennis-Funktionsgymnastik
von Karl-Peter Knebel/Bernd Herbeck/Susanne Schaffner
(rororo sport 8621)

Tischtennis-Praxis
von Bernd-Ulrich Groß
(rororo sport 8615)

Badminton
von Hans Werner Niesner/ Jürgen H. Ranzmayer
(rororo sport 7042)

Badminton-Praxis
von Martin Knupp
(rororo sport 8629)

Squash
von Cornelius Hasselbach/ Niels Härtel
(rororo sport 7040)

Besser Squash spielen
von Jahangir Khan
(rororo sport 8671)

rororo sport wird herausgegeben von Bernd Gottwald. Ein Gesamtverzeichnis der Reihe finden Sie in der *Rowohlt Revue*. JedesVierteljahr neu. Kostenlos. In Ihrer Buchhandlung.

rororo sport